AF189323

Impressum
Verlag: BABADADA GmbH, Nedderfeld 112 , 22529 Hamburg
Geschäftsführer / Verlagsleitung: Harald Hof
Druck: Books on Demand GmbH, In de Tarpen 42, 22848 Norderstedt

Imprint
Publisher: BABADADA GmbH, Nedderfeld 112 , 22529 Hamburg, Germany
Managing Director / Publishing direction: Harald Hof
Print: Books on Demand GmbH, In de Tarpen 42, 22848 Norderstedt, Germany

школа
ໂຮງຮຽນ

класна кімната
ຫ້ອງຮຽນ

ділити
ຫານ

186/2

дошка
ກະດານ

шкільний двір
ເດີ່ນໂຮງຮຽນ

вчитель
ຄູສອນ

папір
ເຈ້ຍ

писати
ຂຽນ

ручка
ປາກກາ

письмовий стіл
ໂຕະເຮັດວຽກ

лінійка
ໄມ້ບັນທັດ

книга
ໜັງສື

учень
ນັກຮຽນ

ранець
ກະເປົາໃສ່ປຶ້ມທີ່ມີສາຍພາຍ

пенал
ກັບສໍດຳ

олівець
ສໍດຳ

точило
ເຄື່ອງແຫຼມສໍ

гумка
ຢາງລຶບ

альбом для малювання
ສະໝຸດແຕ້ມຮູບ

малюнок

ພາບວາດ

пензель

ແປງທາສີ

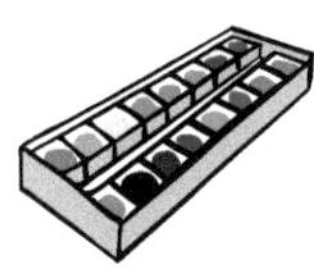

коробка фарб

ກ່ອງສີ

ножиці

ມີດຕັດ

клей

ກາວ

зошит

ປື້ມເຝິກຫັດ

домашнє завдання

ວຽກບ້ານ

число

ຕົວເລກ

додавати

ບວກ

віднімати

ລົບ

множити

ຄູນ

рахувати

ຄິດໄລ່

літера

ຕົວອັກສອນ

абетка

ພະຍັນຊະນະ

слово

ຄຳສັບ

текст

ຂໍ້ຄວາມ

читати

ອ່ານ

крейда

ສໍຂາວ

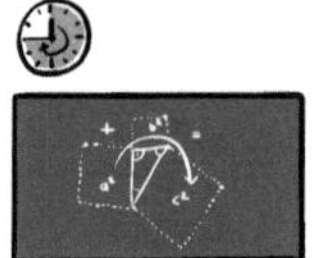

година

ບົດຮຽນ

класний журнал

ລົງທະບຽນ

екзамен

ການສອບເສັງ

диплом

ໃບຢັ້ງຢືນ

шкільна форма

ຊຸດນັກຮຽນ

освіта

ການສຶກສາ

лексикон

ປື້ມຮວບຮວມຄວາມຮູ້ສາລະພັດ

університет

ມະຫາວິທະຍາໄລ

мікроскоп

ກ້ອງຈຸລະທັດ

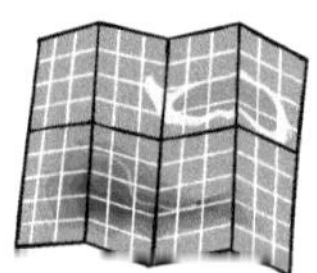

карта

ແຜນທີ່

кошик для паперу

ກະຕ່າໃສ່ເສດເຈ້ຍ

подорож
ການທ່ອງທ່ຽວ

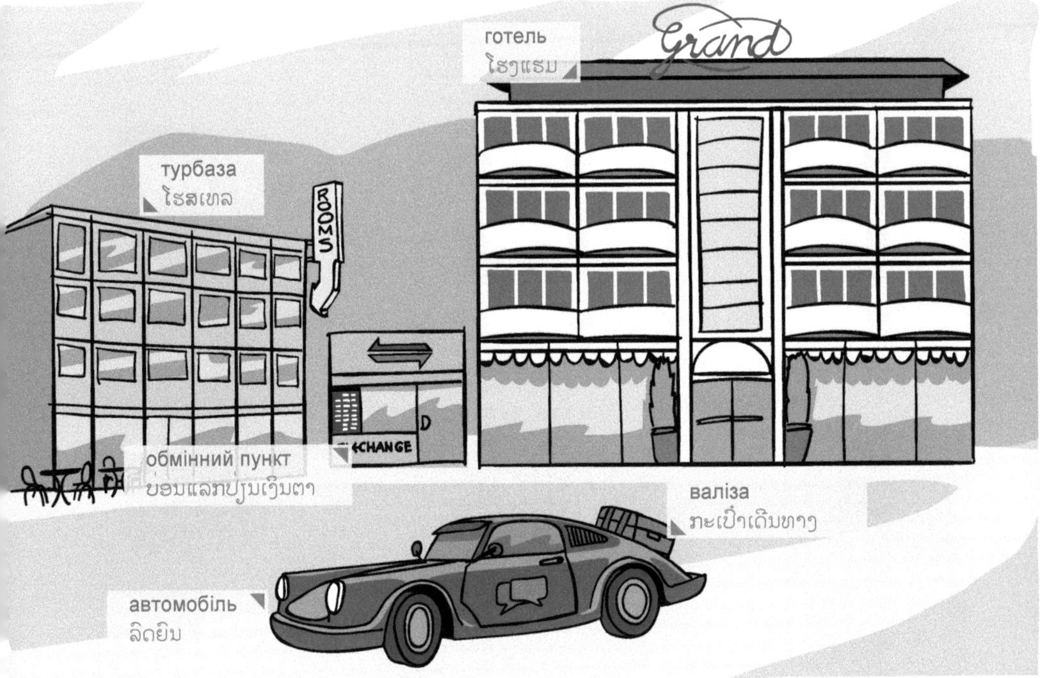

готель
ໂຮງແຮມ
Grand
турбаза
ໂຮສເທລ
ROOMS
обмінний пункт
ບ່ອນແລກປ່ຽນເງິນຕາ
CHANGE
валіза
ກະເປົ໋າເດີນທາງ
автомобіль
ລົດຍົນ

мова

ພາສາ

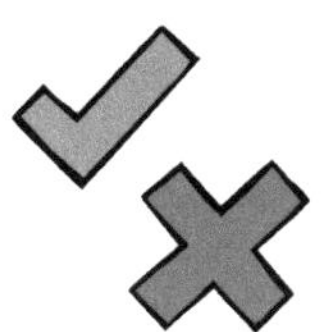

так / ні

ແມ່ນ / ບໍ່ແມ່ນ

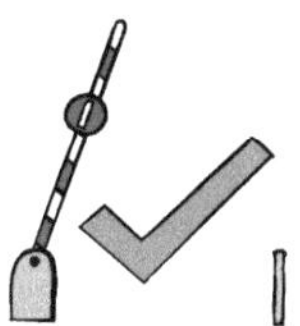

добре

ຕົກລົງ

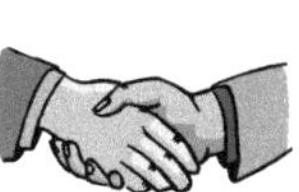

привіт

ສະບາຍດີ

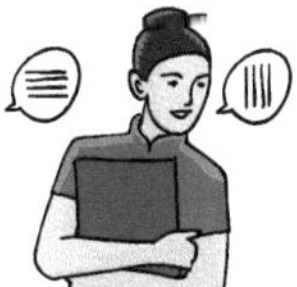

перекладач

ນັກແປພາສາ

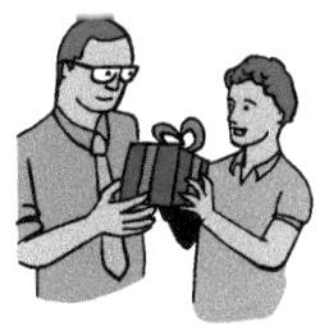

дякую

ຂອບໃຈ

Скільки коштує ...?

ລາຄາເທົ່າໃດ...?

Я не розумію

ຂ້ອຍບໍ່ເຂົ້າໃຈ

проблема

ບັນຫາ

Добрий вечір!

ສະບາຍດີຕອນແລງ!

Доброго ранку!

ສະບາຍດີຕອນເຊົ້າ!

На добраніч!

ລາຕີສະຫວັດ

До побачення

ລາກ່ອນ

напрямок

ທິດທາງ

багаж

ກະເປົ໋າເດີນທາງ

сумка

ກະເປົ໋າ

рюкзак

ກະເປົາພາຍຫຼັງ

гість

ແຂກ

кімната

ຫ້ອງ

спальний мішок

ຖົງໃສ່ເຄື່ອງນອນ

намет

ເຕັ້ນ

туристична інформація

ຂໍ້ມູນນັກທ່ອງທ່ຽວ

пляж

ຊາຍຫາດ

кредитна картка

ບັດເຄຣດິດ

сніданок

ອາຫານເຊົ້າ

обід

ອາຫານທ່ຽງ

вечеря

ອາຫານແລງ

квиток

ປີ້

ліфт

ລິຟ

поштова марка

ສະແຕມ

межа

ພົມແດນ

митниця

ພາສີ

посольство

ສະຖານທູດ

віза

ວີຊາ

паспорт

ໜັງສືຜ່ານແດນ

транспорт
ຂົນສົ່ງ

корабель
ກຳປັ່ນ

літак
ເຮືອບິນ

пожежна машина
ລົດດັບເພີງ

автобус
ລົດເມ

вантажний автомобіль
ລົດບັນທຸກ

моторний човен
ເຮືອຈັກ

велосипед
ລົດຖີບ

автомобіль
ລົດຍົນ

пором
ເຮືອຂ້າມຟາກ

човен
ເຮືອ

мотоцикл
ລົດຈັກ

поліцейська машина
ລົດຕຳຫຼວດ

гоночний автомобіль
ລົດແຂ່ງ

автомобіль на прокат
ລົດເຊົ່າ

спільне користування авто

ການແບ່ງປັນກັນໃຊ້ລົດ

евакуатор

ລົດລາກ

сміттєвоз

ລົດຂົນຂີ້ເຫຍື້ອ

двигун

ເຄື່ອງຍົນ

паливо

ເຊື້ອໄຟ

автозаправна станція

ປ້ຳນ້ຳມັນ

дорожній знак

ປ້າຍຈາລະຈອນ

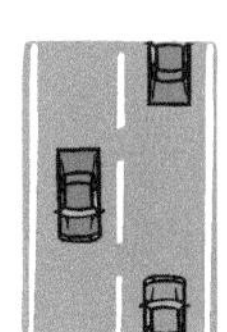

рух

ການຈາລະຈອນ

затор

ການຈາລະຈອນຕິດຂັດ

стоянка

ບ່ອນຈອດລົດ

вокзал

ສະຖານີລົດໄຟ

рейки

ລາງລົດໄຟ

потяг

ລົດໄຟ

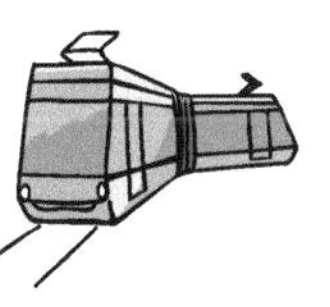

трамвай

ລົດລາງ

вагон

ຕູ້ລົດໄຟ

гелікоптер

ເຮລິຄອບເຕີ

аеропорт

ສະໜາມບິນ

вежа

ຫໍຄອຍ

пасажир

ຜູ້ໂດຍສານ

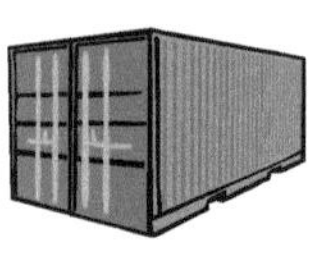

контейнер

ຕູ້ບັນຈຸສິນຄ້າ

коробка

ກ່ອງເຈ້ຍ

візок

ກວຽນ

кошик

ກະຕ່າ

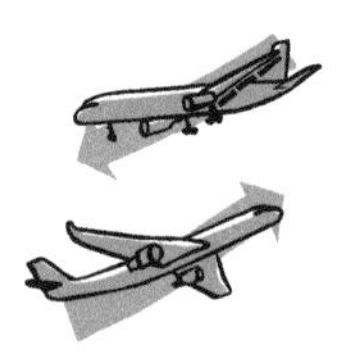

стартувати / приземлятися

ເຮືອບິນຂຶ້ນ / ເຮືອບິນລົງຈອດ

місто
ເມືອງ

село

ບ້ານ

центр міста

ໃຈກາງເມືອງ

дім

ເຮືອນ

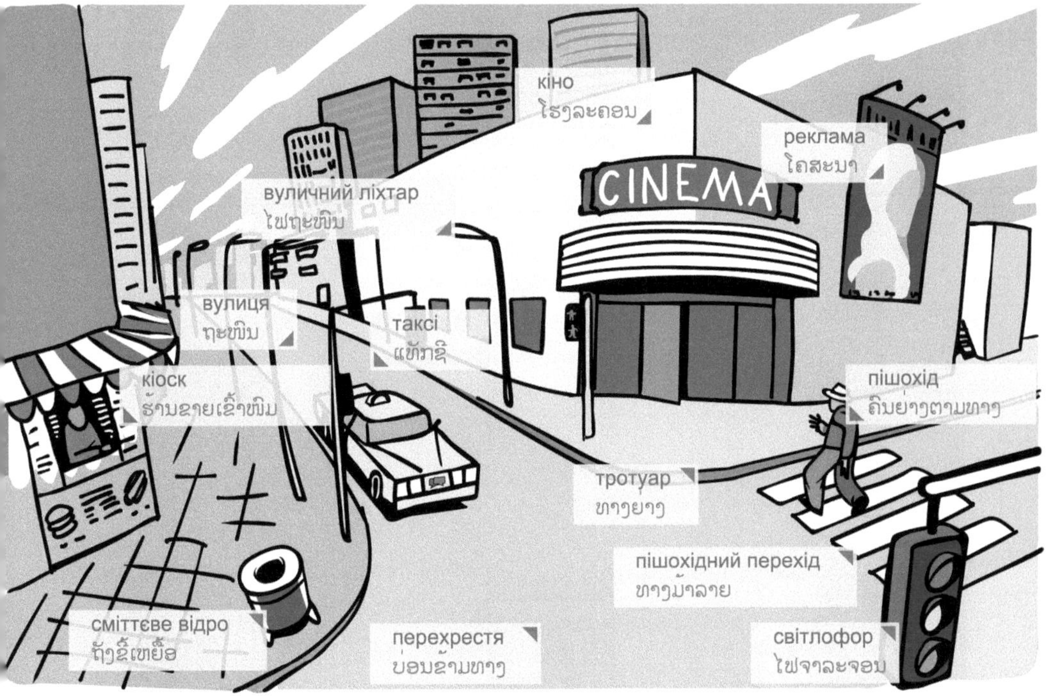
кіно
ໂຮງລະຄອນ
реклама
ໂຄສະນາ
CINEMA
вуличний ліхтар
ໄຟຖະໜົນ
вулиця
ຖະໜົນ
таксі
ແທັກຊີ
кіоск
ຮ້ານຂາຍເຂົ້າໜົມ
пішохід
ຄົນຍ່າງຕາມທາງ
тротуар
ທາງຍາງ
пішохідний перехід
ທາງມ້າລາຍ
сміттєве відро
ຖັງຂີ້ເຫຍື້ອ
перехрестя
ບ່ອນຂ້າມທາງ
світлофор
ໄຟຈາລະຈອນ

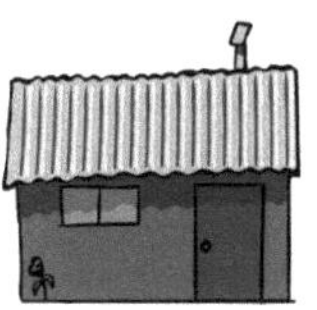

хатина

ຕູບ

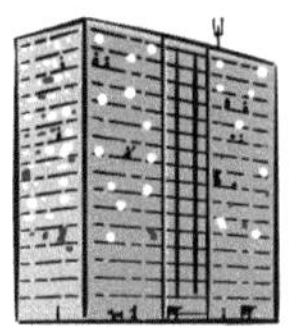

квартира

ແຟລດ

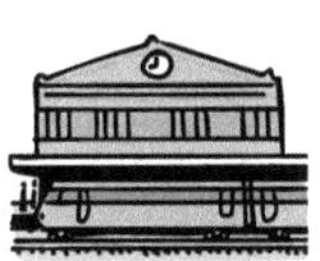

вокзал

ສະຖານີລົດໄຟ

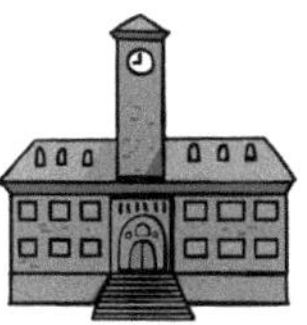

ратуша

ໂຮງການເມືອງ

MUSEUM

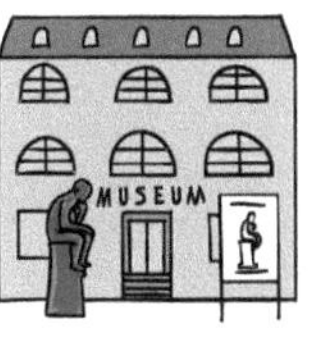

музей

ຫໍພິພິດຕະພັນ

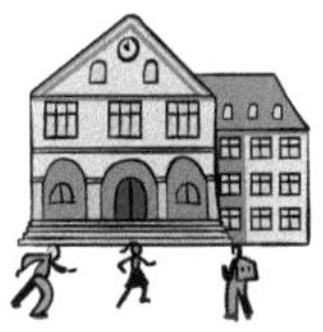

школа

ໂຮງຮຽນ

університет

ມະຫາວິທະຍາໄລ

банк

ທະນາຄານ

лікарня

ໂຮງໝໍ

готель

ໂຮງແຮມ

аптека

ຮ້ານຂາຍຢາ

офіс

ຫ້ອງການ

книжковий магазин

ຮ້ານຂາຍໜັງສື

магазин

ຮ້ານຄ້າ

квітковий магазин

ຮ້ານຂາຍດອກໄມ້

супермаркет

ຊູບເປີມາກເກັດ

ринок

ຕະຫຼາດ

універмаг

ຫ້າງສັບພະສິນຄ້າ

торговець рибою

ຮ້ານຂາຍປາ

торговельний центр

ສູນການຄ້າ

гавань

ທ່າເຮືອ

парк

ສວນສາທາລະນະ

лава

ແປ້ນມ້າ

міст

ຂົວ

сходи

ຂັ້ນໄດ

метро

ລົດໄຟໃຕ້ດິນ

тунель

ອຸໂມງ

автобусна зупинка

ປ້າຍລົດເມ

бар

ຮ້ານຂາຍເຫຼົ້າ

ресторан

ຮ້ານອາຫານ

поштова скринька

ຕູ້ໄປສະນີ

вулична табличка

ປ້າຍຊື່ຖະໜົນ

лічильник паркування

ມີເຕີເກັບຄ່າຝາກລົດ

зоопарк

ສວນສັດ

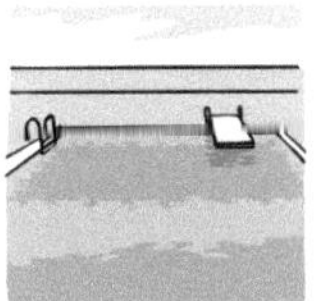

басейн

ສະລອຍນ້ຳ

мечеть

ວັດມຸດສະລິມ

ферма

ຟາມ

забруднення навколишнього середовища

ມົນລະພິດ

кладовище

ສຸສານ

церква

ໂບດ

дитячий майданчик

ເດີ່ນຫຼິ້ນຂອງເດັກນ້ອຍ

храм

ວັດມຸດສະລິມ

ландшафт

ພູມີປະເທດ

листок
ໃບໄມ້

вказівний стовп
ປ້າຍບອກທາງ

шлях
ທາງ

луг
ທົ່ງຫຍ້າ

камінь
ກ້ອນຫີນ

мандрівник
ນັກເດີນທາງໄກດ້ວຍການຍ່າງ

дерево
ຕົ້ນໄມ້

річка
ແມ່ນ້ຳ

трава
ຫຍ້າ

квітка
ດອກໄມ້

долина

ຮ່ອມພູ

гора

ເນີນເຂົາ

озеро

ທະເລສາບ

ліс

ປ່າ

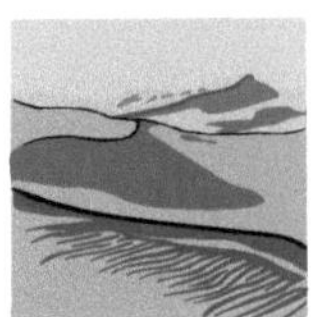

пустеля

ທະເລຊາຍ

вулкан

ພູເຂົາໄຟ

замок

ຫໍປະສາດ

веселка

ຮຸ້ງກິນນ້ຳ

гриб

ເຫັດ

пальма

ຕົ້ນປາມ

комар

ຍຸງ

муха

ແມງວັນ

мурашка

ມົດ

бджола

ເຜິ້ງ

павук

ແມງມຸມ

жук

ແມງປີກແຂງ

жаба

ກົບ

вивірка

ກະຮອກ

їжак

ເໝັ້ນ

заєць

ກະຕ່າຍປ່າ

сова

ນົກເຄົ້າ

птах

ນົກ

лебідь

ຫົງ

кабан

ໝູປ່າຕົວຜູ້

олень

ກວາງ

лось

ກວາງໃຫຍ່

гребля

ເຂື່ອນ

вітряк

ໝາກປີ່ນ

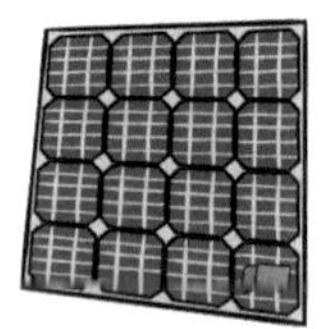

сонячний модуль

ແຜງໂຊລາເຊລ

клімат

ສະພາບອາກາດ

ресторан
ຮ້ານອາຫານ

офіціант
ຄົນເສີບຊາຍ

меню
ລາຍການອາຫານ

стілець
ຕັ່ງນັ່ງ

суп
ຊຸບ

піца
ພິສຊາ

столові прилади
ເຄື່ອງໃຊ້ເທິງໂຕະອາຫານ

скатертина
ຜ້າປູໂຕະ

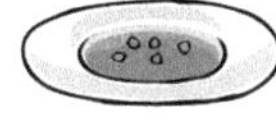

закуска

ອາຫານເລີ່ມຕົ້ນ

друга страва

ອາຫານຈານຫຼັກ

десерт

ຂອງຫວານ

напої

ເຄື່ອງດື່ມ

їжа

ອາຫານ

пляшка

ຂວດແກ້ວ

фаст-фуд

....

ອາຫານຈານດ່ວນ

вулична їжа

....

ຮ້ານຂ້າງທາງ

чайник

....

ເຕົ້ານ້ຳຊາ

цукорниця

....

ຖ້ວຍນ້ຳຕານ

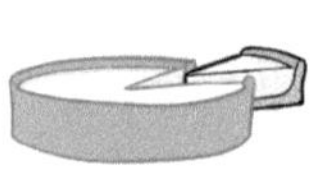

порція

....

ສ່ວນແບ່ງອາຫານສຳລັບໜຶ່ງຄົນ

еспресо-машина

....

ເຊື່ອງຊົງກາເຟເອສເປຣສໂຊ

високий стільчик

....

ເກົ່າອີ້ສູງ

рахунок

....

ໃບເກັບເງິນ

піднос

....

ຖາດ

ніж

....

ມີດ

вилка

....

ສ້ອມ

ложка

....

ບ່ວງ

чайна ложка

....

ຊ້ອນຊາ

серветка

....

ຜ້າເຊັດປາກຢູ່ໂຕະອາຫານ

склянка

....

ຈອກແກ້ວ

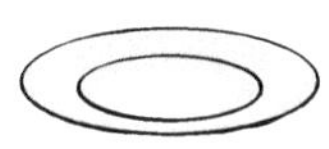

тарілка

ຈານ

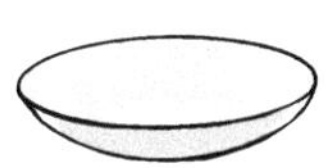

тарілка для супу

ຈານຊຸບ

блюдце

ຈານຮອງ

соус

ຊອສ

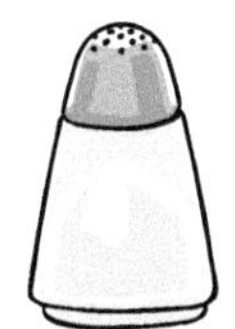

солонка

ກະປຸກເກືອ

млин для перцю

ກະປຸກພິກໄທ

оцет

ນ້ຳສົ້ມສາຍຊູ

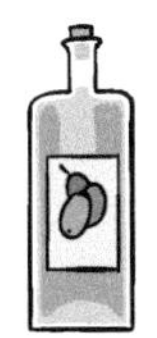

масло

ນ້ຳມັນພືດ

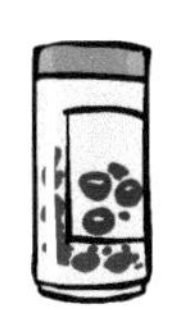

спеції

ເຄື່ອງເທດ

кетчуп

ຊອສໝາກເດັ່ນ

гірчиця

ຜັກຈຳພວກຜັກກາດ

майонез

ມາຍອນເນສ

супермаркет
ຊູບເປີມາກເກັດ

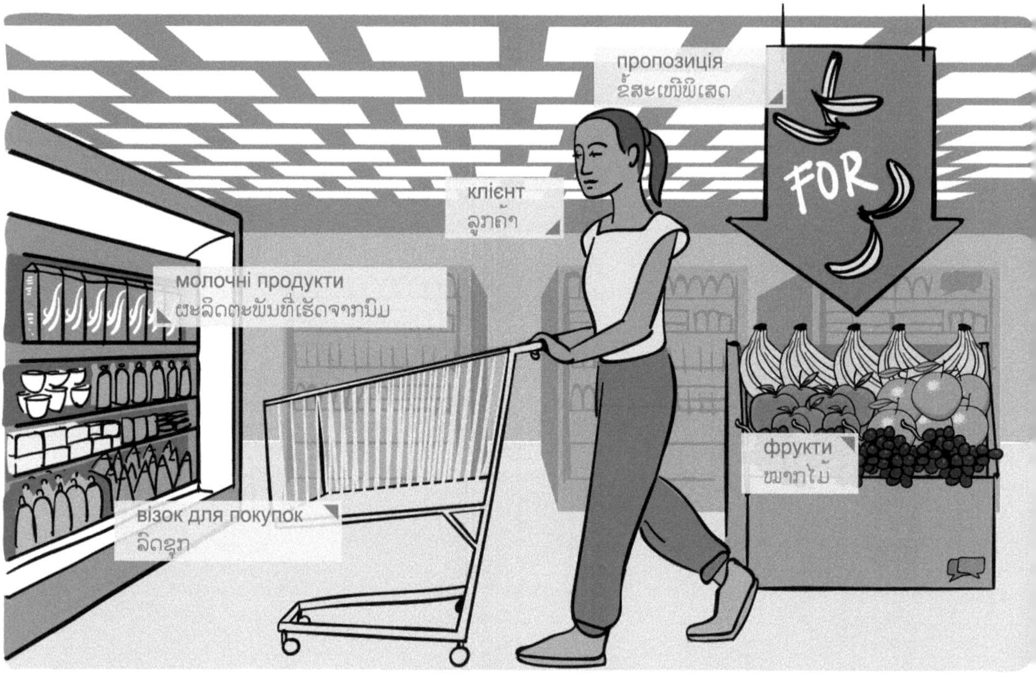

пропозиція
ຂໍ້ສະເໜີພິເສດ
FOR
клієнт
ລູກຄ້າ
молочні продукти
ຜະລິດຕະພັນທີ່ເຮັດຈາກນົມ
фрукти
ໝາກໄມ້
візок для покупок
ລົດຊຸກ

BUTCHERS

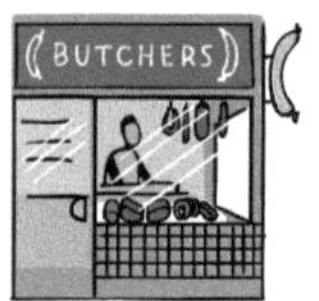

м'ясний магазин

ຮ້ານຂາຍຊີ້ນ

BAKERY

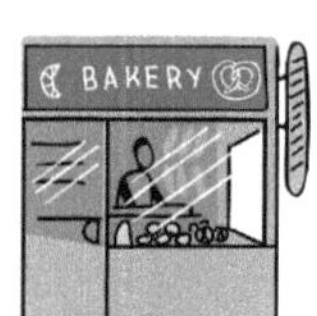

пекарня

ຮ້ານຂາຍເຂົ້າໜົມປັງ

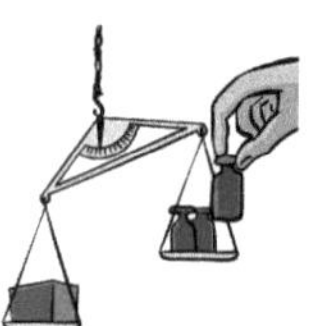

зважувати

ຊັ່ງນ້ຳໜັກ

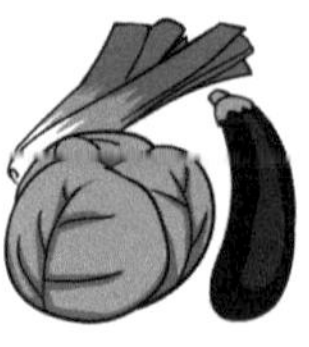

овочі

ຜັກ

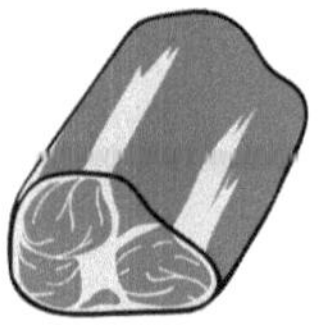

м'ясо

ຊີ້ນ

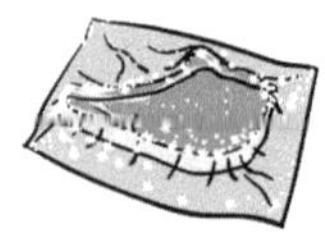

заморожені продукти

ອາຫານແຊ່ແຂງ

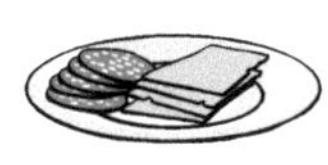

ковбасна нарізка

ຊີ້ນເຢັນ

консерви

ອາຫານກະປ໋ອງ

пральний порошок

ແຟບຊັກເຄື່ອງ

солодощи

ເຂົ້າໜົມຫວານ

предмети домашнього побуту

ຜະລິດຕະພັນໃນຄົວເຮືອນ

мийний засіб

ຜະລິດຕະພັນທຳຄວາມສະອາດ

продавщиця

ພະນັກງານຂາຍຍິງ

каса

ເຄື່ອງຄິດເງິນ

касир

ພະນັກງານເງິນສົດ

список покупок

ລາຍການຊື້ເຄື່ອງ

часи роботи

ເວລາເປີດເຮັດວຽກ

гаманець

ກະເປົາເງິນ

кредитна картка

ບັດເຄຣດິດ

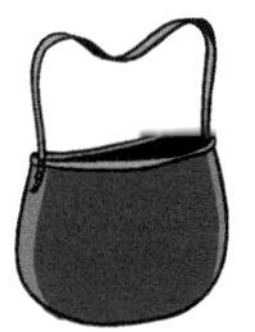

сумка

ຖົງ

поліетиленовий пакет

ຖົງຢາງ

напої

ເຄື່ອງດື່ມ

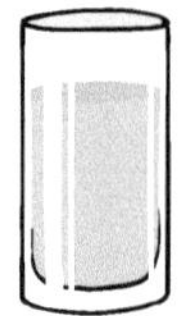

вода

ນ້ຳ

сік

ນ້ຳໝາກໄມ້

молоко

ນົມ

кола

ໂຄກ

вино

ວາຍ

пиво

ເບຍ

алкоголь

ເຫຼົ້າ

какао

ໂກໂກ້

чай

ຊາ

кава

ກາເຟ

еспресо

ເອສເປຣສໂຊ

капучіно

ຄາປູຊີໂນ

Їжа

ອາຫານ

банан

ໝາກກ້ວຍ

яблуко

ແອັບເປິ້ນ

апельсин

ໝາກກ້ຽງ

кавун

ໝາກໂມ

лимон

ໝາກນາວ

морква

ຫົວກະຣົດ

часник

ຜັກທຽມ

бамбук

ຕົ້ນໄຜ່

цибуля

ຫອມບົ່ວ

гриб

ເຫັດ

горішки

ຖົ່ວ

локшина

ເສັ້ນໝີ່

спагеті

ສະປາແກັດຕີ້

рис

ເຂົ້າ

салат

ສະຫຼັດ

картопля фрі

ມັນຝຣັ່ງທອດ

смажена картопля

ມັນຝຣັ່ງທອດ

піца

ພິສຊາ

гамбургер

ແຮມເບີເກີ້

бутерброд

ແຊນວິດຈ໌

шніцель

ຊີ້ນຕິດກະດູກ

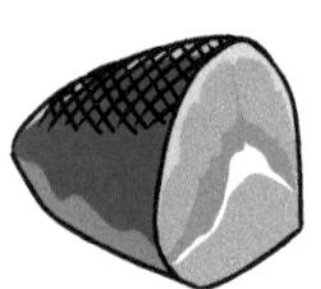

шинка

ແຮມ

салямі

ໄສ້ກອກແຫ້ງຊາລາມີ

ковбаса

ໄສ້ກອກ

курка

ໄກ່

печеня

ຍ້າງ

риба

ປາ

вівсяні пластівці

เຂົ້າປຽກເຂົ້າໂອດ

мюслі

ອາຫານຊະນິດເປັນເມັດກອບ

кукурудзяні пластівці

ເຂົ້າຊຽບເປັນປ່ຽງນ້ອຍໆ

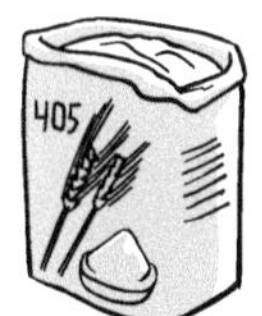

борошно

ເຂົ້າແປ້ງ

круасан

ເຂົ້າຈີ່ຊະນິດໜຶ່ງມີຮູບເດືອນເຄິ່ງ
ໜວຍ

булочка

ເຂົ້າໜົມປັງແບບມ້ວນ

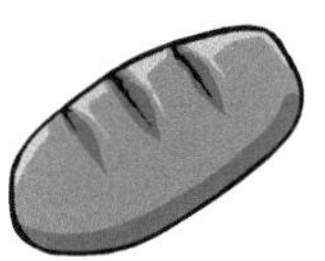

хліб

ເຂົ້າໜົມປັງ

тостовий хліб

ເຂົ້າໜົມປັງປີ້ງ

печиво

ເຂົ້າໜົມປັງຊະນິດກ້ອນນ້ອຍ

масло

ເນີຍ

сир

ນ້ຳນົມແຂ້ນ

пиріг

ເຄກ

яйце

ໄຂ່

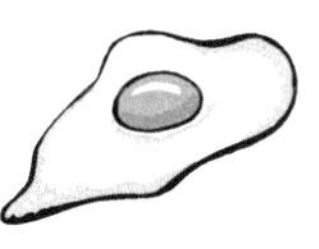

яєчня

ໄຂ່ດາວ

сир

ເນີຍແຂງ

морозиво

ກະແລັມ

цукор

ນ້ຳຕານ

мед

ນ້ຳເຜີ້ງ

мармелад

ແຍມ

нуга-крем

ຊັອກໂກແລັດຄຣີມສະເປຣດ

карі

ກະລີ່

ферма

ຟາມ

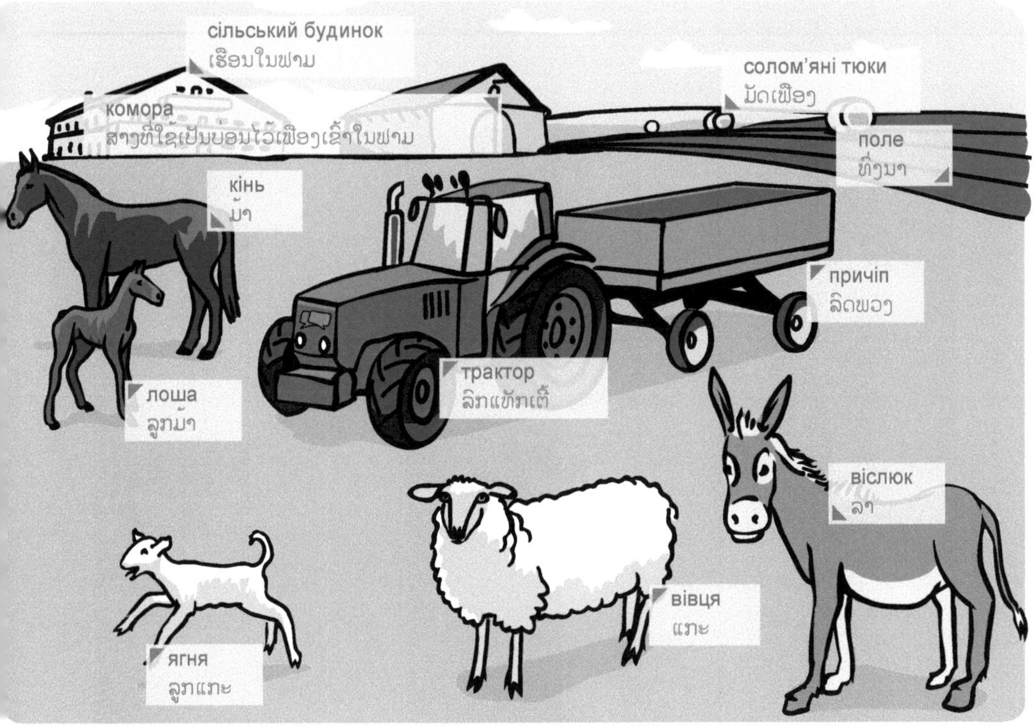

сільський будинок
ເຮືອນໃນຟາມ
комора
ສາງທີ່ໃຊ້ເປັນບ່ອນໄວ້ເຟືອງເຂົ້າໃນຟາມ
солом'яні тюки
ມັດເຟືອງ
поле
ທົ່ງນາ
кінь
ມ້າ
причіп
ລົດພ່ວງ
трактор
ລົດແທັກເຕີ້
лоша
ລູກມ້າ
віслюк
ລາ
вівця
ແກະ
ягня
ລູກແກະ

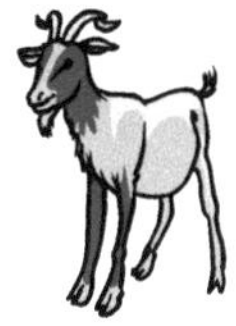

коза

ແກະ

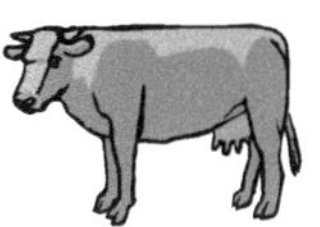

корова

ງົວຕົວແມ່

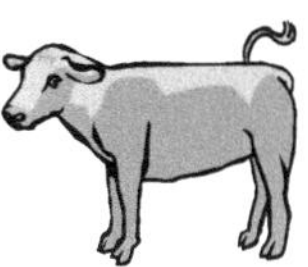

теля

ລູກງົວ

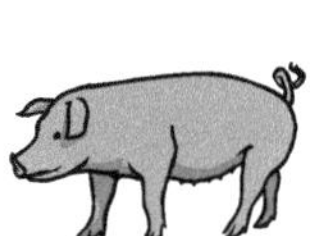

свиня

ໝູ

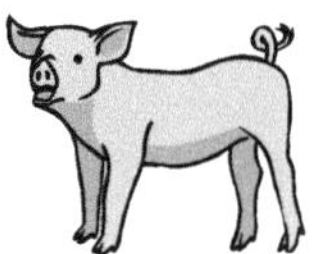

порося

ລູກໝູ

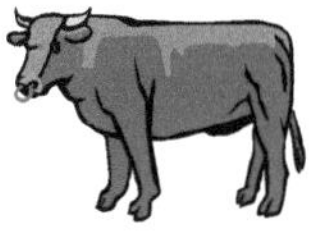

бик

ງົວຕົວຜູ້

гусак

ຫ່ານ

качка

ເປັດ

курча

ລູກໄກ່

курка

ແມ່ໄກ່

півень

ໄກ່ຜູ້

щур

ໜູ

кіт

ແມວ

миша

ໜູ

віл

ງົວຕົວຜູ້

собака

ໝາ

собача будка

ຄອກໝາ

садовий шланг

ສາຍທໍ່ຢາງທີ່ໃຊ້ໃນສວນ

лійка

ຊິວຫົດຕົ້ນໄມ້

коса

ກ່ຽວດ້າມຍາວ

плуг

ຄັນໄຖ

серп

ກ່ຽວ

мотика

ຈົກ

вила

ຄາດ

сокира

ຂວານ

тачка

ລົດຍູ້ລໍ້ດຽວ

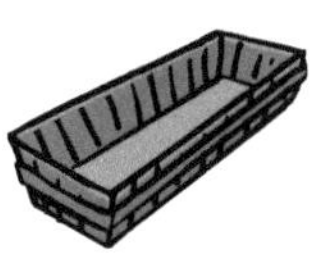

корито

ທາງລົມ

бідон молока

ປ່ອງນົມ

мішок

ກະສອບ

паркан

ຮົ້ວ

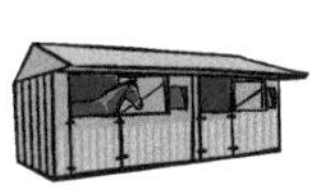

хлів

ຄອກມ້າ

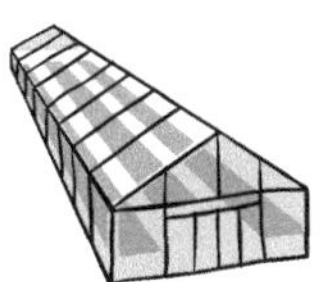

теплиця

ເຮືອນກະຈົກ

ґрунт

ດິນ

насіння

ແກ່ນ

добриво

ປຸ໋ຍ

комбайн

ເຄື່ອງກ່ຽວເຂົ້າ

пожинати

ເກັບກ່ຽວ

урожай

ການເກັບກ່ຽວ

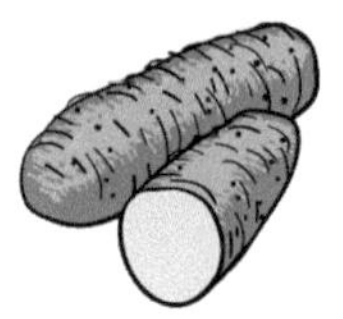

корінь ямсу

ເຜືອກ

пшениця

ເຂົ້າສາລີ

соя

ຖົ່ວເຫຼືອງ

картопля

ມັນຝັ່ງ

кукурудза

ເຂົ້າໂພດ

ріпак

ດອກເຣພຊີດ

плодове дерево

ຕົ້ນໄມ້ທີ່ອອກໝາກ

маніок

ມັນຕົ້ນ

злаки

ພືດຊະນິດເມັດ

дім
ເຮືອນ

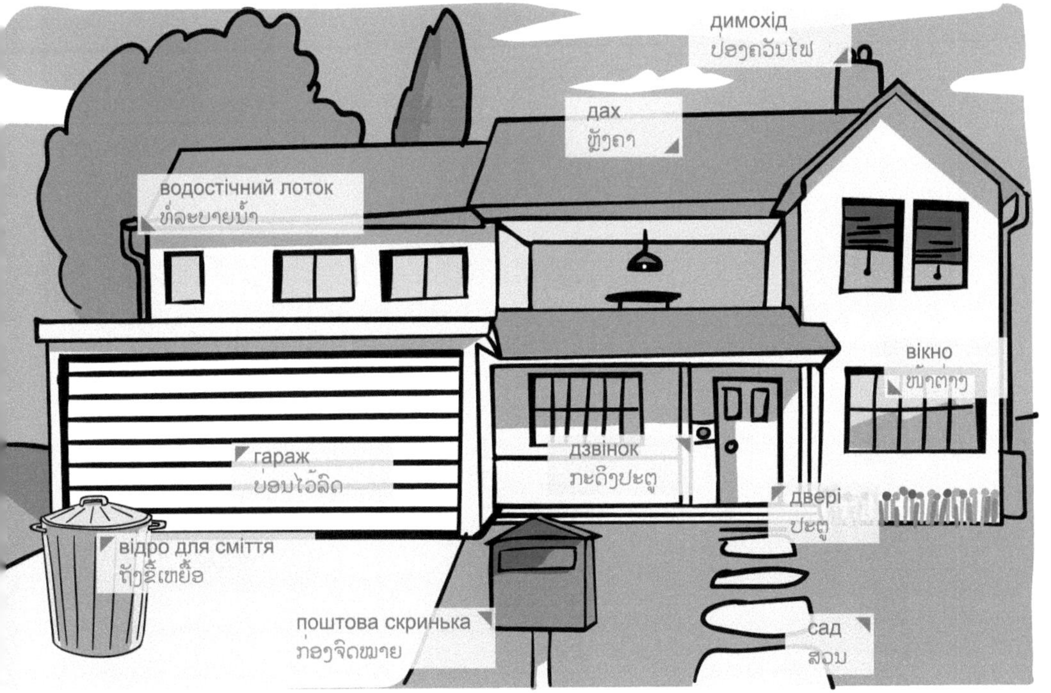

димохід
ປ່ອງຄວັນໄຟ

дах
ຫຼັງຄາ

водостічний лоток
ທີ່ລະບາຍນ້ຳ

вікно
ໜ້າຕ່າງ

гараж
ບ່ອນໄວ້ລົດ

дзвінок
ກະດິ່ງປະຕູ

двері
ປະຕູ

відро для сміття
ຖັງຂີ້ເຫຍື້ອ

поштова скринька
ກ່ອງຈົດໝາຍ

сад
ສວນ

вітальня
ຫ້ອງຮັບແຂກ

ванна кімната
ຫ້ອງນ້ຳ

кухня
ຫ້ອງຄົວ

спальня
ຫ້ອງນອນ

дитяча кімната
ຫ້ອງພັກສຳລັບເດັກນ້ອຍ

їдальня
ຫ້ອງອາຫານ

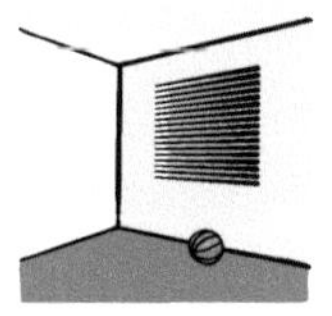

підлога

ພື້ນ

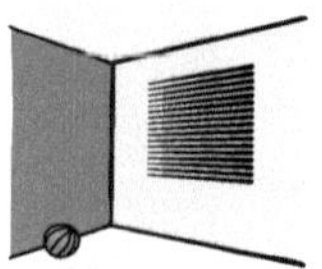

стіна

ຝາຜະໜັງ

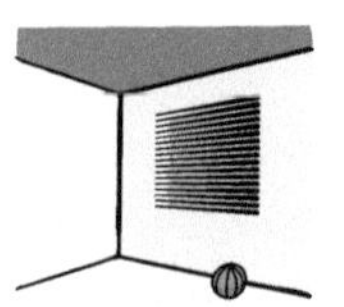

стеля

ເພດານ

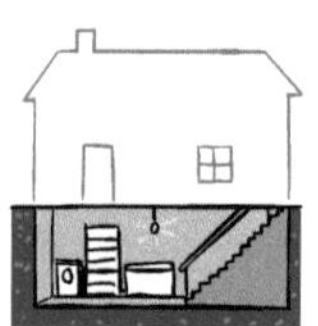

підвал

ຫ້ອງເກັບເຄື່ອງໃຕ້ດິນ

сауна

ຫ້ອງອົບອາຍນ້ຳ

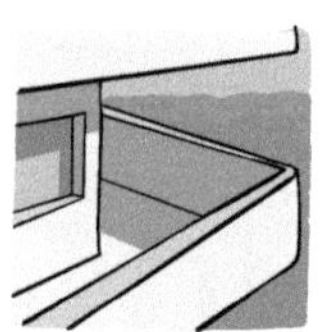

балкон

ລະບຽງ

тераса

ຊັ້ນຕາມຂ້າງພູ

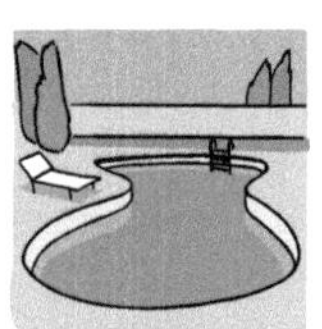

басейн

ສະລອຍນ້ຳ

косарка

ເຄື່ອງຕັດຫຍ້າ

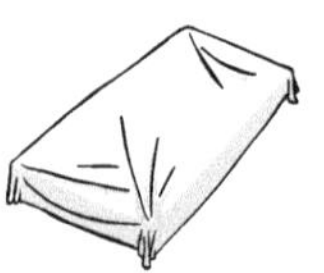

простирало

ຜ້າປູບ່ອນນອນ

ковдра

ຜ້າປູຕຽງ

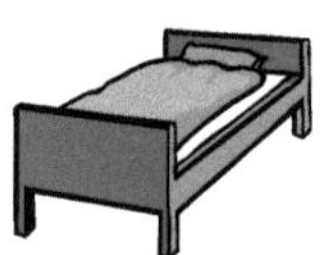

ліжко

ຕຽງ

мітла

ຟອຍ

відро

ຄຸ

перемикач

ສະວິດ

вітальня

ຫອງຮັບແຂກ

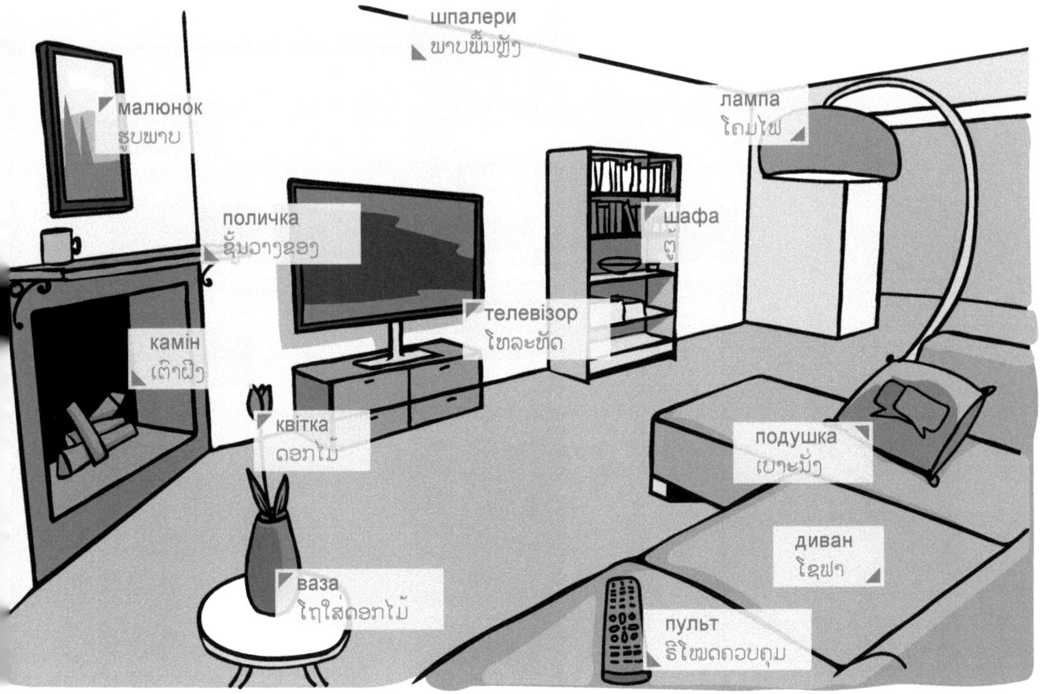

шпалери
ພາບພື້ນຫຼັງ

малюнок
ຮູບພາບ

лампа
ໂຄມໄຟ

поличка
ຊັ້ນວາງຂອງ

шафа
ຕູ້

телевізор
ໂທລະທັດ

камін
ເຕົາຜີງ

квітка
ດອກໄມ້

подушка
ເບາະນັ່ງ

диван
ໂຊຟາ

ваза
ໂຖໃສ່ດອກໄມ້

пульт
ຣີໂໝດຄວບຄຸມ

килим

ພົມປູພື້ນ

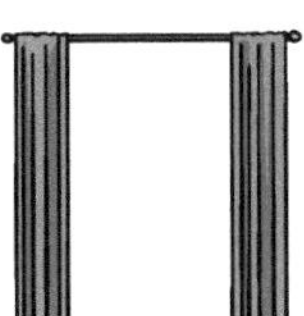

завіса

ຜ້າກັ້ງ

стіл

ໂຕະ

стілець

ຕັ່ງນັ່ງ

крісло-гойдалка

ຕັ່ງນັ່ງແບບໂຍກໄດ້

крісло

ຕັ່ງນັ່ງທີ່ມີບ່ອນວາງແຂນ

книга

ໜັງສື

ковдра

ຜ້າຫົ່ມ

прикраса

ຂອງຕົກແຕ່ງ

дрова

ຟືນ

фільм

ຮູບເງົາ

стереосистема

ເຄື່ອງສຽງລະບົບໄຮໄຟ

ключ

ກະແຈ

газета

ໜັງສືພິມ

картина

ການແຕ້ມຮູບ

плакат

ໂປສເຕີ

радіо

ວິທະຍຸ

блокнот

ແຜ່ນບັນທຶກ

пилосос

ເຄື່ອງດູດຝຸ່ນ

кактус

ຕົ້ນກະບອງເພັດ

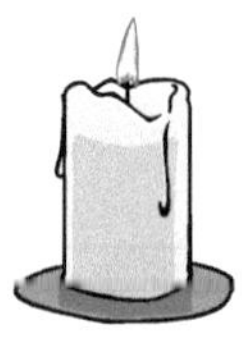

свічка

ທຽນໄຂ

кухня
ຫ້ອງຄົວ

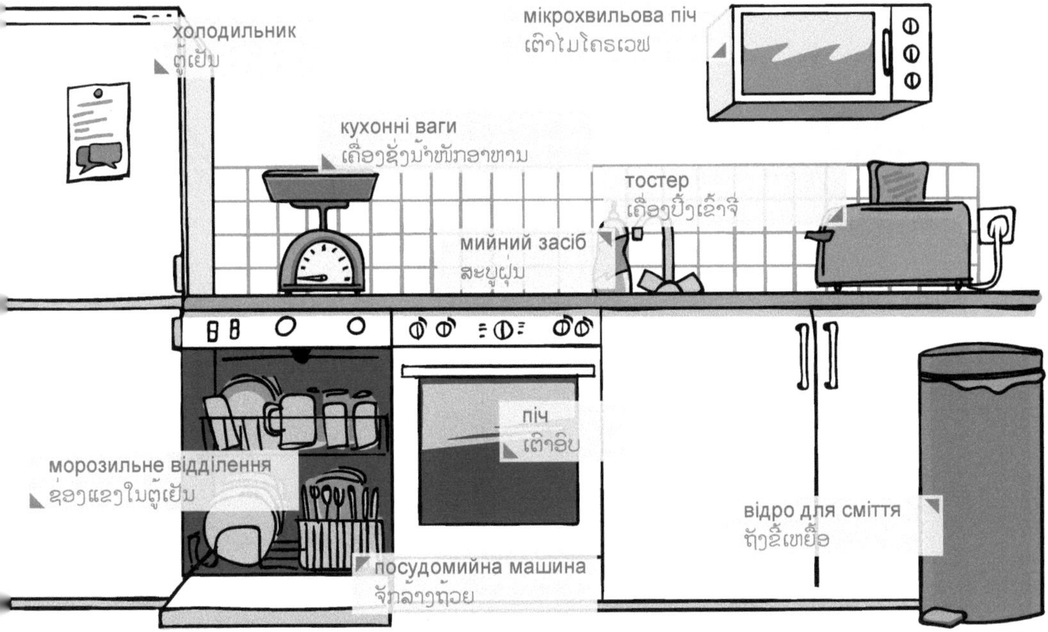
холодильник
ຕູ້ເຢັນ
мікрохвильова піч
ເຕົາໄມໂຄຣເວຟ
кухонні ваги
ເຄື່ອງຊັ່ງນ້ຳໜັກອາຫານ
тостер
ເຄື່ອງປີ້ງເຂົ້າຈີ່
мийний засіб
ສະບູຝຸ່ນ
піч
ເຕົາອົບ
морозильне відділення
ຊ່ອງແຂງໃນຕູ້ເຢັນ
відро для сміття
ຖັງຂີ້ເຫຍື້ອ
посудомийна машина
ຈັກລ້າງຖ້ວຍ

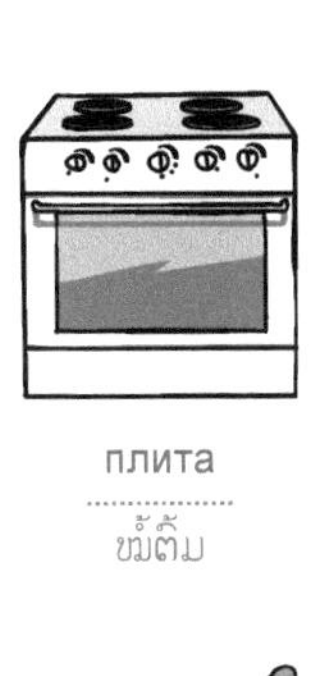

плита

ໝໍ້ຕົ້ມ

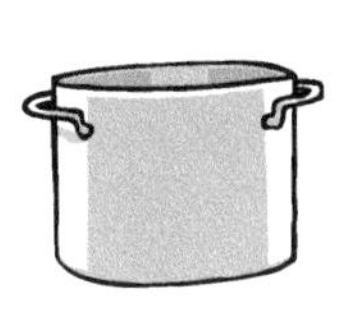

горщик

ໝໍ້

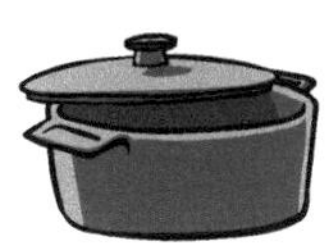

чавунний горщик

ໝໍ້ເຫຼັກຫຼໍ່

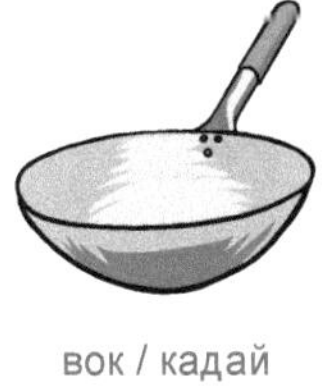

вок / кадай

ໝໍ້ກະທະຈີນ

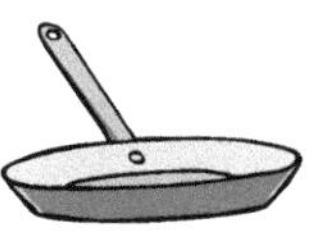

сковорода

ໝໍ້ກະທະກົ້ນແບນ

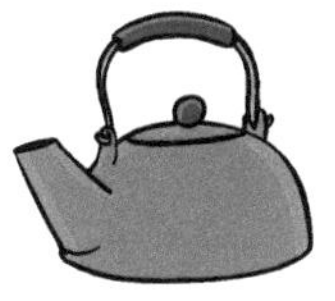

чайник

ກາຕົ້ມນ້ຳ

пароварка

ໝໍ້ໄອນ້ຳ

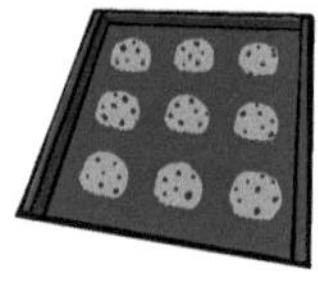

лист

ຖາດອົບ

посуд

ເຄື່ອງຖ້ວຍຊາມ

кухоль

ຈອກຫີນ

чаша

ຖ້ວຍ

палички для їжі

ໄມ້ທູ່

черпак

ຈອງດ້າມຍາວ

лопатка

ຕະຫຼິວ

вінчик для збивання

ເຄື່ອງຕີໄຂ່

сито

ກະຊອນ

сито

ເຄື່ອງຮ່ອນ

терка

ເຫຼັກຂູດ

ступка

ຄົກ

барбекю

ບາບີຄິວ

багаття

ແຄມໄຟຖາວອນ

дошка

ຂຽງ

качалка

ໄມ້ນວດແປ້ງ

штопор

ເຫຼັກໄຂດອນແກ້ວ

консерва

ກະປ໋ອງ

відкривачка

ເຄື່ອງເປີດກະປ໋ອງ

прихватки

ຖົງມືຈັບຂອງຮ້ອນ

раковина

ອ່າງລ້າງຈານ

щітка

ແປງ

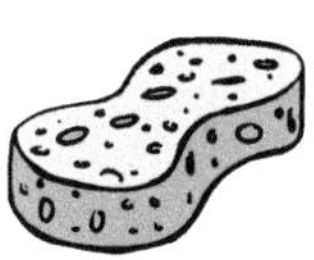

губка

ຟອງນ້ຳ

міксер

ເຄື່ອງປັ່ນ

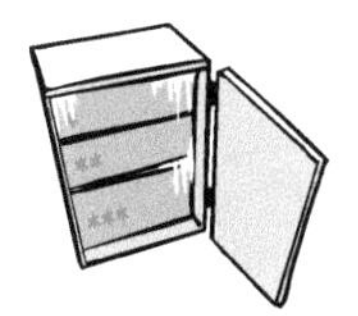

морозильна камера

ຕູ້ແຊ່ແຂງ

дитяча пляшка

ຂວດນົມ

кран

ກ໊ອກນ້ຳ

ванна кімната

ຫ້ອງນ້ຳ

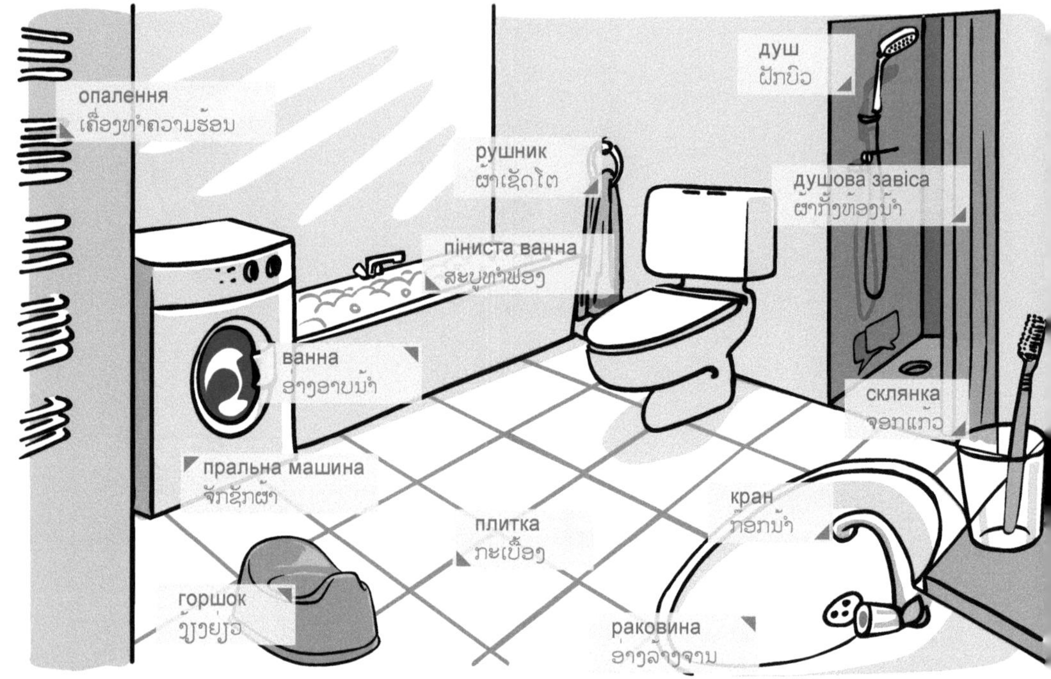

душ
ຝັກບົວ

опалення
ເຄື່ອງທຳຄວາມຮ້ອນ

рушник
ຜ້າເຊັດໂຕ

душова завіса
ຜ້າກັ້ງຫ້ອງນ້ຳ

піниста ванна
ສະບູທຳຟອງ

ванна
ອ່າງອາບນ້ຳ

склянка
ຈອກແກ້ວ

пральна машина
ຈັກຊັກຜ້າ

кран
ກ໊ອກນ້ຳ

плитка
ກະເບື້ອງ

горшок
ໝ້ວຍ່ຽວ

раковина
ອ່າງລ້າງຈານ

туалет
ຫ້ອງສ້ວມ

підлоговий туалет
ໂຖສ້ວມແບບນັ່ງຍອງ

біде
ໂຖຍ່ຽວຂອງຜູ້ຍິງ

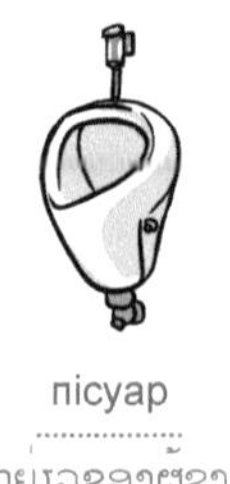

пісуар
ໂຖຍ່ຽວຂອງຜູ້ຊາຍ

туалетний папір
ກະດາດຊຳລະທີ່ໃຊ້ໃນຫ້ອງນ້ຳ

щітка для туалету
ແປງຂັດຫ້ອງນ້ຳ

зубна щітка

ແປງສີຟັນ

зубна паста

ຢາສີຟັນ

нитка для чищення зубів

ໄໝຂັດແຂ້ວ

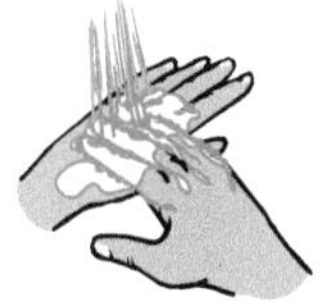

мити

ລ້າງ

ручний душ

ຝັກບົວອາບນ້ຳທີ່ໃຊ້ມືຈັບ

інтимний душ

ເຄື່ອງສີດລ້າງ

таз

ອ່າງລ້າງໜ້າ

щітка для спини

ແປງຖູຫຼັງ

мило

ສະບູ

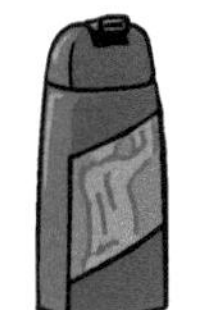

гель для душу

ເຈລອາບນ້ຳ

шампунь

ແຊມພູ

мочалка

ຜ້າຖູໂຕນ້ອຍ

водостік

ທໍ່ລະບາຍນ້ຳເສຍ

крем

ຄີມ

дезодорант

ຢາດັບກິ່ນ

дзеркало

แอ่นแยງ

косметичне дзеркало

แอ่นมືຖື

бритва

ມີດແຖໜວດ

піна для гоління

ໂຟມແຖໜວດ

лосьйон після гоління

ໂລຊັນບຳລຸງຜິວຫຼັງແຖໜວດ

гребінь

ຫວີ

щітка

ແປງ

фен

ຈັກເປົ່າຜົມ

лак для волосся

ສະເປຣີດຜົມ

косметика

ຊຸດເຄື່ອງສຳອາງ

губна помада

ລິບສະຕິກທາສົບ

лак для нігтів

ນ້ຳຢາທາເລັບ

вата

ສຳລີ

ножиці для нігтів

ມີດຕັດເລັບ

парфум

ນ້ຳຫອມ

косметичка

ກະເປົາອາບນໍ້າ

табурет

ຕັ່ງສາມຂາ

ваги

ເຄື່ອງຊັ່ງນໍ້າໜັກ

халат

ເສື້ອຄຸມອາບນໍ້າ

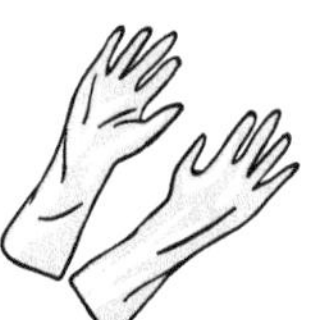

гумові рукавички

ຖົງມືຢາງ

тампон

ຜ້າອະນາໄມແບບສອດ

гігієнічні прокладки

ຜ້າອະນາໄມ

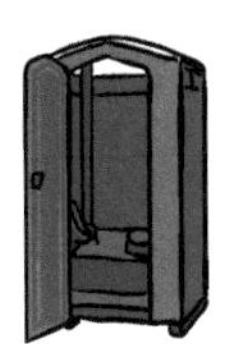

біотуалет

ຫ້ອງນໍ້າເຄມີ

дитяча кімната
ຫອງພັກສຳລັບເດັກນອຍ

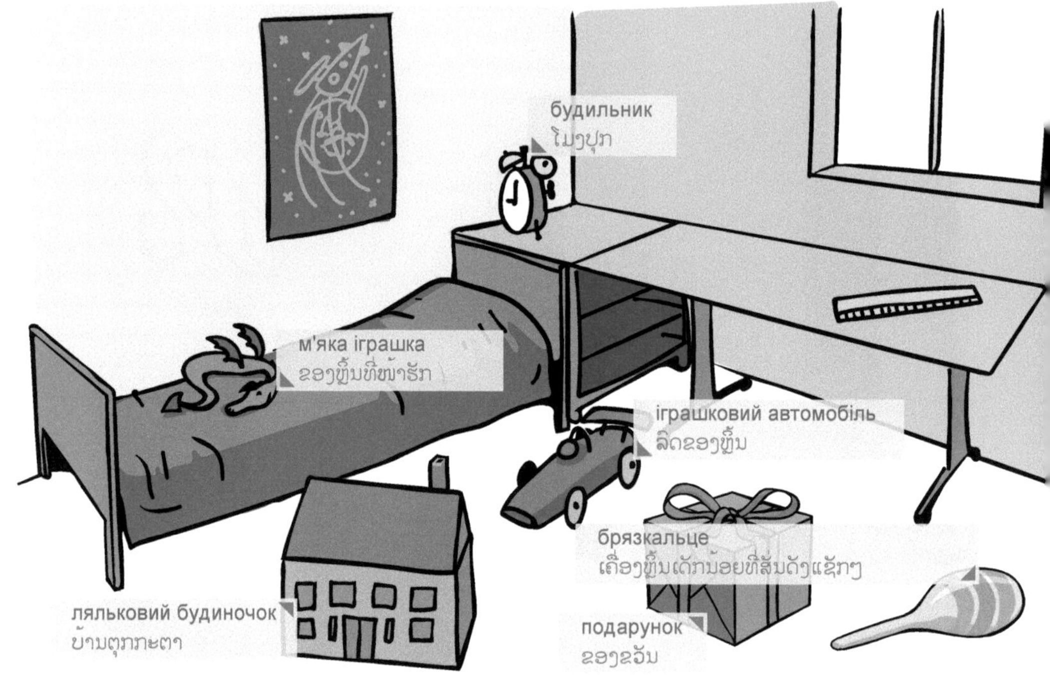

будильник
ໂມງປຸກ
м'яка іграшка
ຂອງຫຼິ້ນທີ່ໜ້າຮັກ
іграшковий автомобіль
ລົດຂອງຫຼິ້ນ
брязкальце
ເຄື່ອງຫຼິ້ນເດັກນ້ອຍທີ່ສັ່ນດັງແຊັກໆ
ляльковий будиночок
ບ້ານຕຸກກະຕາ
подарунок
ຂອງຂວັນ

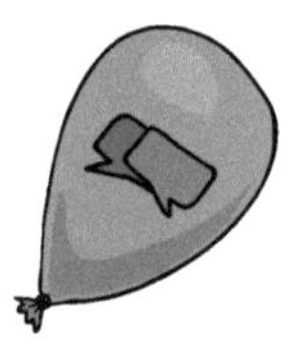

повітряна кулька

ໝາກປຸມເປົ້າ

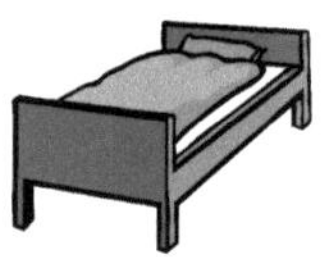

ліжко

ຕຽງ

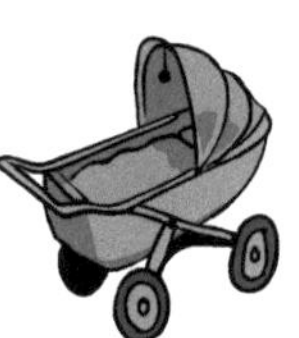

дитячий візок

ລົດຍູ້ເດັກ

картярська гра

ຊຸມໄພ້

пазл

ຈິກຊໍ

SUPER MEGA

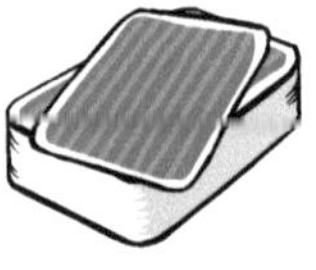

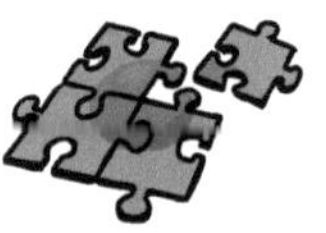

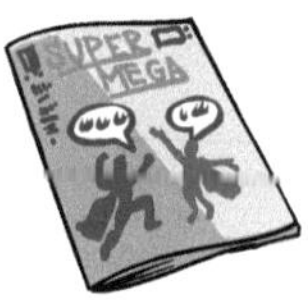

комікс

ໜັງສືກາຕູນ

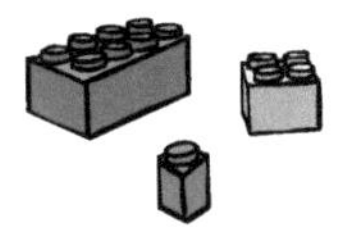

лего цеглинки

ຕົວຕໍ່ເລໂກ້

блоки

ບລັອກຂອງຫຼິ້ນ

іграшкова фігурка

ຮູບປັ້ນທີ່ເຄື່ອນໄຫວໄດ້

повзунки

ເສື້ອຜ້າເດັກເກີດໃໝ່

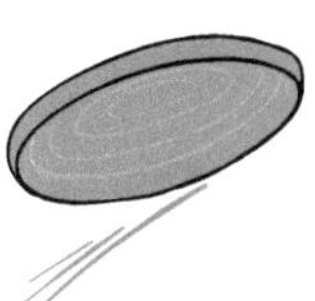

фризбі

ຈານບິນ

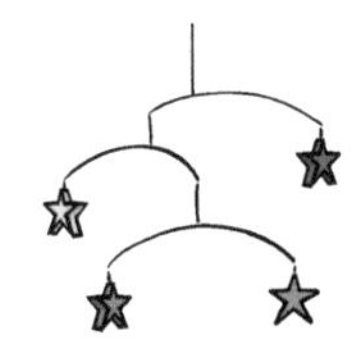

мобіле

ສິ່ງທີ່ແກວ່ງໄປມາແຂວນຢູ່ເທິງຫົວ ຕຽງເດັກນ້ອຍ

настільна гра

ເກມກະດານ

кубик

ໝາກກະລອກ

модель залізнична станція

ຊຸດລົດໄຟຈຳລອງ

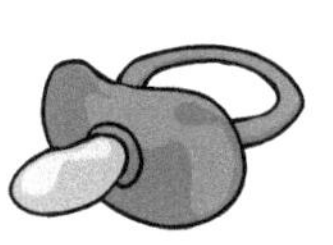

соска

ຮູບຫຸ່ນ

вечірка

ງານລ້ຽງ

книжка з картинками

ໜັງສືພາບ

м'яч

ໝາກບານ

лялька

ຕຸກກະຕາ

грати

ຫຼິ້ນ

пісочниця

ຂຸມດິນຊາຍສຳລັບເດັກນ້ອຍຫຼິ້ນ

гойдалка

ຊິງຊ້າ

іграшка

ຂອງຫຼິ້ນ

гральна консоль

ເຄື່ອງຫຼິ້ນວີດີໂອເກມ

триколісний велосипед

ລົດຖີບສາມລໍ້

плюшевий мішка

ຕຸກກະຕາໝີ

шафа

ຕູ້ເສື້ອຜ້າ

одяг
ເສື້ອຜ້າ

шкарпетки

ລອງເທົ້າ

панчохи

ຖົງເທົ້າຍາວຜູ້ຍິງ

колготки

ໂສ້ງຍືດແນບເນື້ອ

шарф
ຜ້າພັນຄໍ
парасоля
ຄັນຮົ່ມ
футболка
ເສື້ອຍືດຄໍມົນ
ремінь
ສາຍແອວ
чоботи
ເກີບບູດທ໌
домашнє взуття
ເກີບແຕະ
кросівки
ເກີບກິລາ
сандалі
ເກີບຊັງດານ
взуття
ເກີບ
гумові чоботи
ເກີບບູດທ໌ຢາງ
труси
ໂສ້ງຊ້ອນໃນ
бюстгальтер
ເສື້ອຊ້ອນໃນ
нижня сорочка
ເສື້ອກ້າມ

боді

เสื้อรัดหุ่ม

штани

โส้งขายาว

джинси

โส้งยีน

спідниця

กะโป่ง

блузка

เสื้อผู้ยิง

сорочка

เสื้อเชิด

пуловер

เสื้อกันໜາວ

светр

เสื้อຄຸມມີໝວກ

піджак

เสื้อໃຫຍ່ທີ່ຕິດກາໂຮງຮຽນຫຼືກາທີ
ມກິລາ

куртка

เสื้อแจັກເກັດ

пальто

เสื้อນອກ

дощовик

เสื้อກັນຝົນ

костюм

ເຄື່ອງແຕ່ງກາຍ

сукня

ກະໂປ່ງ

весільна сукня

ຊຸດແຕ່ງງານ

костюм

ເສື້ອສູດ

нічна сорочка

ຊຸດລາຕີ

піжама

ຊຸດນອນ

сарі

ຊຸດຊາຣີ

головна хустка

ຜ້າຄຸມຫົວ

чалма

ຜ້າພັນຫົວ

бурка

ເສື້ອບຸຣຸເກາະ

кафтан

ເສື້ອຄຸມຄາຟຕານ

абая

ເສື້ອຄຸມອາບາຢາ

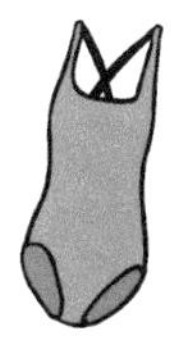

купальник

ຊຸດລອຍນ້ຳ

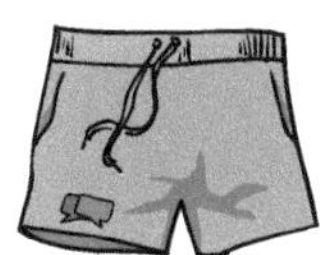

плавки

ໂສ້ງໃສ່ລອຍນ້ຳ

шорти

ໂສ້ງຂາສັ້ນ

тренувальний костюм

ຊຸດວອມ

фартух

ຜ້າກັນເປື້ອນ

рукавички

ຖົງມື

гудзик

ກະດຸມ

окуляри

ແວ່ນຕາ

браслет

ປອກແຂນ

ланцюг

ສ້ອຍຄໍ

кільце

ແຫວນ

сережка

ຕຸ້ມຫູ

шапка

ໝວກແກ໊ບ

плічка

ກັງແຂນເສື້ອນອກ

капелюх

ໝວກ

краватка

ກາລະຫວັດ

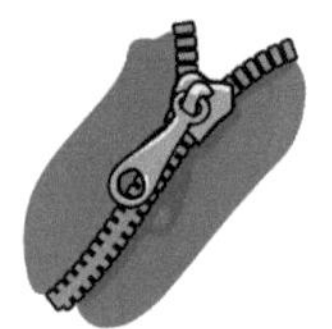

застібка-блискавка

ຊິບ

шолом

ໝວກກັນກະທົບ

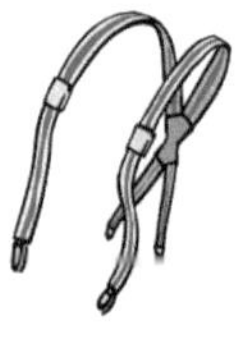

підтяжки

ສາຍໂຍງໂສ້ງ

шкільна форма

ຊຸດນັກຮຽນ

уніформа

ເຄື່ອງແບບ

нагрудник

ຜ້າກັນເປື້ອນເດັກ

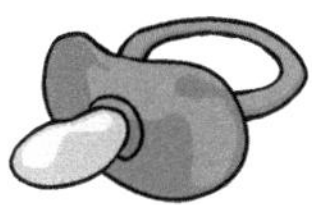

соска

ຮູບຫຸ່ນ

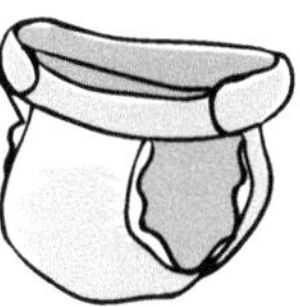

підгузок

ຜ້າອ້ອມ

офіс
ຫ້ອງການ

сервер
ເຊີບເວີ

шаф для документів
ຕູ້ເອກະສານ

принтер
ເຄື່ອງພິມ

папір
ເຈ້ຍ

монітор
ຈໍພາບ

миша
ເມົ້າ

письмовий стіл
ໂຕະເຮັດວຽກ

папка
ແຟ້ມເອກະສານ

синтезатор
ແປ້ນພິມ

кошик для паперу
ກະຕ່າໃສ່ເສດເຈ້ຍ

комп'ютер
ຄອມພິວເຕີ

стілець
ຕັ່ງນັ່ງ

кавовий кухоль

ຈອກຫີນໃສ່ກາເຟ

калькулятор

ເຄື່ອງຄິດເລກ

інтернет

ອິນເຕີເນັດ

ноутбук

ຄອມພິວເຕີແລັບທັອບ

лист

ຈົດໝາຍ

повідомлення

ຂໍ້ຄວາມ

мобільний телефон

ໂທລະສັບມືຖື

мережа

ເຄືອຂ່າຍ

копіювальний пристрій

ເຄື່ອງຖ່າຍເອກະສານ

програмне забезпечення

ຊອບແວ

телефон

ໂທລະສັບ

розетка

ປັກໄຟ

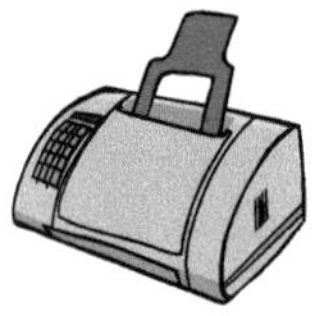

факс

ເຄື່ອງແຟັກ

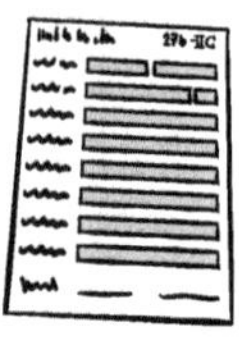

бланк

ແບບຟອມ

документ

ເອກະສານ

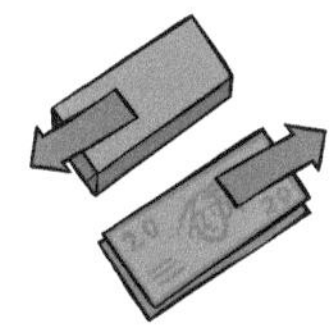

купувати

ຊື້

платити

ຈ່າຍ

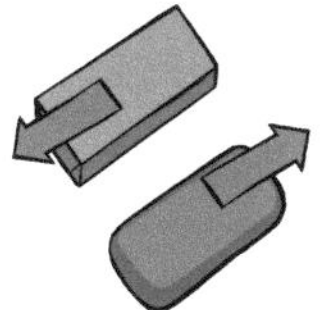

торгувати

ຄ້າຂາຍ

гроші

ເງິນ

долар

ເງິນດອນລາ

євро

ເງິນຢູໂຣ

ієна

ເງິນເຢນ

рубль

ເງິນຣູເບິລ

франк

ເງິນຝຣັ່ງສະວິດ

юанів женьміньбі

ເງິນຢວນເຣິນໝິນປີ້

рупія

ເງິນຣູປີ

банкомат

ເຄື່ອງສຳລັບກົດເງິນສົດຈາກທະນາຄານ

обмінний пункт

ບ່ອນແລກປ່ຽນເງິນຕາ

золото

ທອງຄຳ

срібло

ເງິນ

нафта

ນ້ຳມັນ

енергія

ພະລັງງານ

ціна

ລາຄາ

контракт

ສັນຍາ

податок

ພາສີ

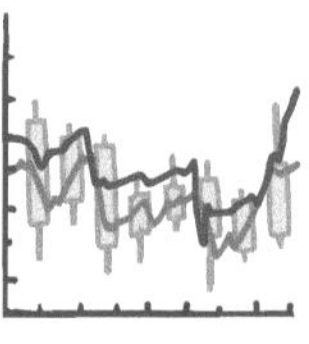

акція

ຫຸ້ນ

працювати

ເຮັດວຽກ

працівник

ລູກຈ້າງ

роботодавець

ນາຍຈ້າງ

фабрика

ໂຮງງານ

магазин

ຮ້ານຄ້າ

професії
ອາຊີບ

поліцейський
ເຈົ້າໜ້າທີ່ຕຳຫຼວດ

пожежник
ພະນັກງານດັບເພີງ

повар
ພໍ່ຄົວ

лікар
ທ່ານໝໍ

пілот
ນັກບິນ

садівник

ຊາວສວນ

столяр

ຊ່າງໄມ້

швачка

ຊ່າງຫຍິບຜ້າທີ່ເປັນຜູ້ຍິງ

суддя

ຜູ້ພິພາກສາ

хімік

ນັກເຄມີ

актор

ນັກສະແດງຊາຍ

водій автобуса
ຄົນຂັບລົດເມປະຈຳທາງ

таксист
ຄົນຂັບແທັກຊີ

рибалка
ຊາວປະມົງ

прибиральниця
ແມ່ບ້ານທຳຄວາມສະອາດ

покрівельник
ຊ່າງມຸງຫຼັງຄາ

офіціант
ຄົນເສີບຊາຍ

мисливець
ນາຍພານ

художник
ຊ່າງທາສີ

пекар
ຄົນເຮັດເຂົ້າໜົມປັງ

електрик
ຊ່າງໄຟຟ້າ

будівельник
ຊ່າງກໍ່ສ້າງ

інженер
ວິສະວິກອນ

забійник
ຄົນຂາຍຊີ້ນ

бляхар
ຊ່າງນ້ຳປະປາ

листоноша
ບູລຸດໄປສະນີ

солдат

ທະຫານ

архітектор

ສະຖາປະນິກ

касир

ພະນັກງານເງິນສົດ

флорист

ຄົນຂາຍດອກໄມ້

перукар

ຊ່າງແຕ່ງຜົມ

кондуктор

ພະນັກງານກວດປີ້ລົດ

механік

ຊ່າງສ້ອມລົດຍົນ

капітан

ຜູ້ບັງຄັບການ

дантист

ທັນຕະແພດ

вчений

ນັກວິທະຍາສາດ

рабин

ພະໃນສາສະໜາຢິວ

імам

ຜູ້ນຳຊາວມຸສລິມ

монах

ຄູບາ

пастор

ນັກບວດ

інструменти
ເຄື່ອງມື

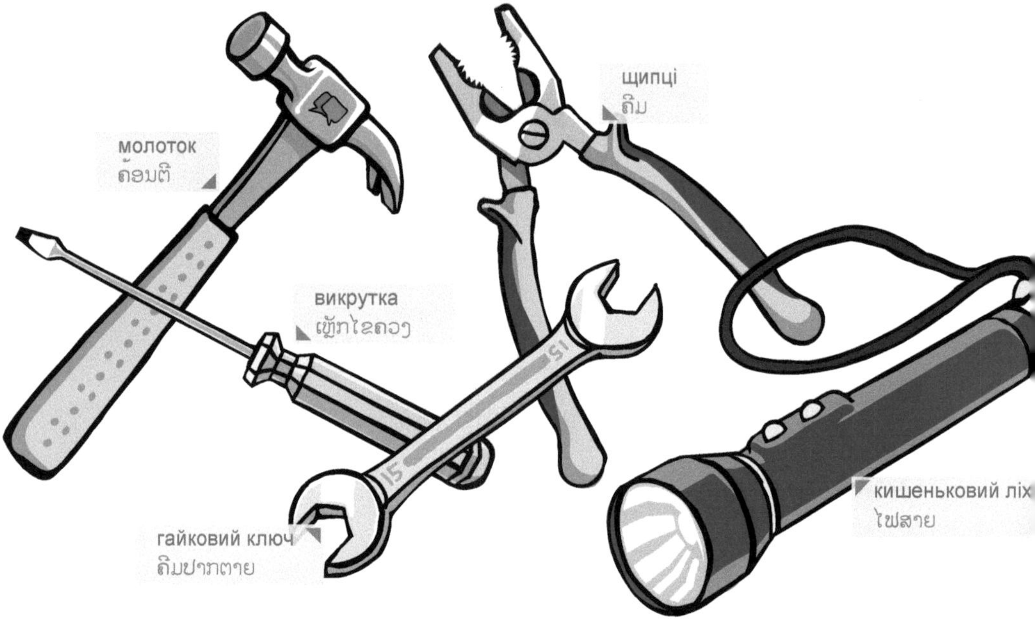

молоток
ຄ້ອນຕີ

щипці
ຄີມ

викрутка
ເຫຼັກໄຂຄວງ

гайковий ключ
ຄີມປາກຕາຍ

кишеньковий ліх
ໄຟສາຍ

екскаватор
ເຄື່ອງຂຸດ

ящик для інструментів
ກັບເຄື່ອງມື

драбина
ຂັ້ນໄດ

пилка
ເລື່ອຍ

цвяхи
ຕະປູ

свердло
ເຫຼັກຊີ

ремонтувати

ສ້ອມແປງ

лопата

ຊວ້ານ

лайно!

ຕາຍຫ່າ!

совок

ຂອງຊວ້ານຂີ້ເຫຍື້ອ

відро з фарбою

ຖັງສີ

гвинти

ຕະປູກຽວ

музичні інструменти
ເຄື່ອງດົນຕີ

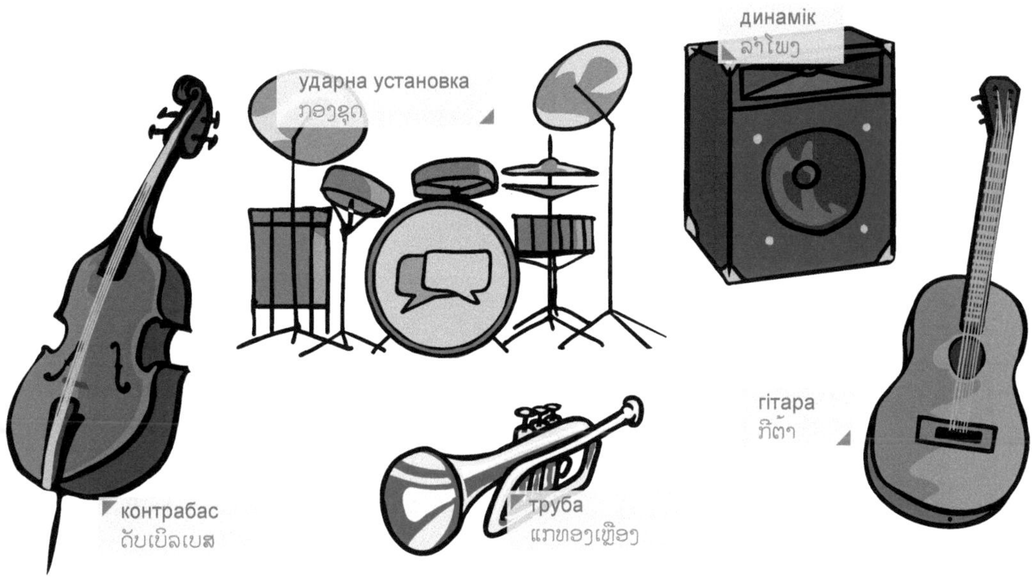

динамік
ລຳໂພງ

ударна установка
ກອງຊຸດ

гітара
ກີຕ້າ

контрабас
ດັບເບິລເບສ

труба
ແກທອງເຫຼືອງ

фортепіано

ເປຍໂນ

скрипка

ໄວໂອລິນ

бас

ເບສ

литаври

ກອງທິມປານີ

барабан

ກອງຊຸດ

клавіатура

ຄີບອດ

саксофон

ແຊັກໂຊໂຟນ

флейта

ຂຸ່ຍ

мікрофон

ໄມໂຄຣໂຟນ

зоопарк
ສວນສັດ

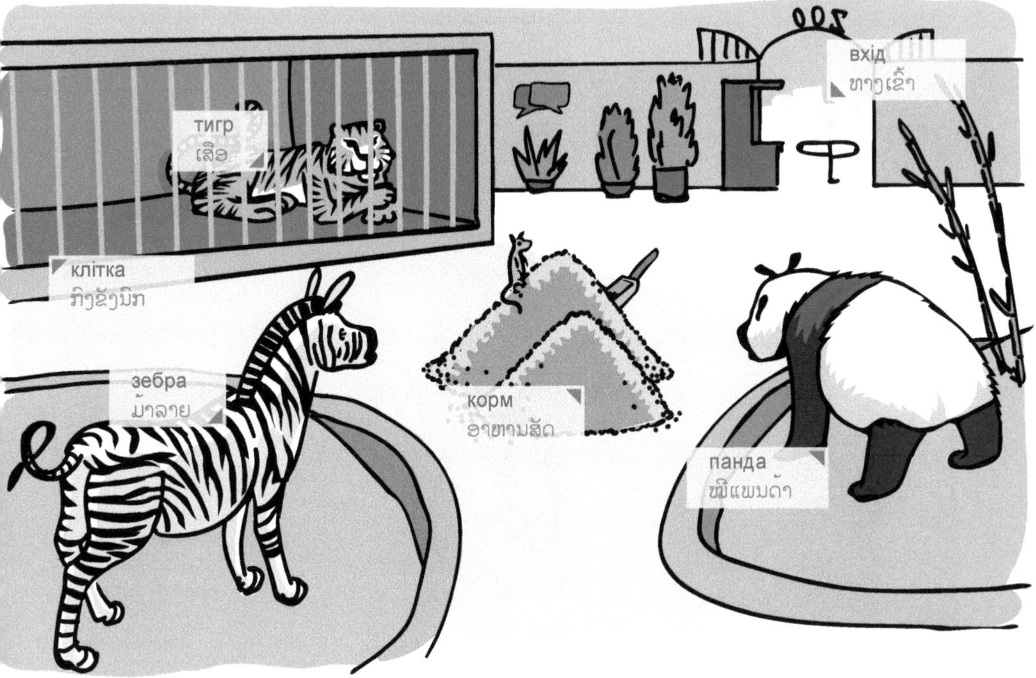

тигр
ເສືອ
вхід
ທາງເຂົ້າ
клітка
ກົງຂັງນົກ
зебра
ມ້າລາຍ
корм
ອາຫານສັດ
панда
ໝີແພນດ້າ

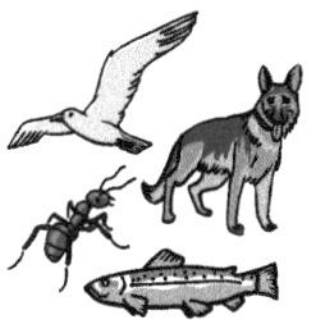

тварини

ສັດ

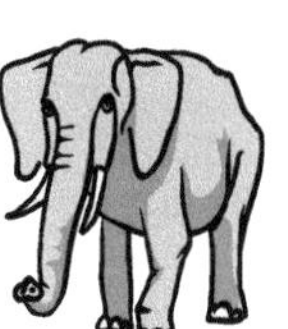

слон

ຊ້າງ

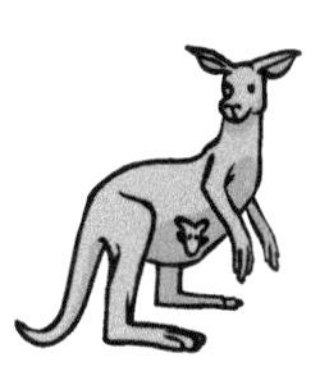

кенгуру

ກັງກາຣູ

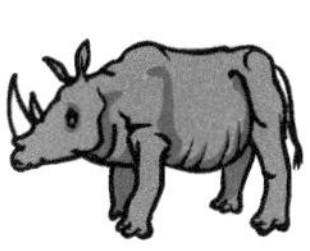

носоріг

ແຮດ

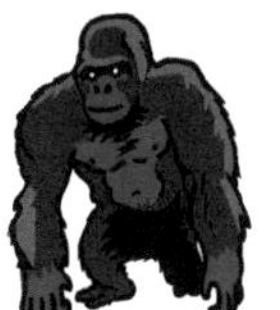

горила

ລິງໂທນໃຫຍ່

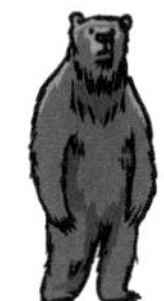

ведмідь

ໝີ

верблюд

ອູດ

страус

ນົກກະຈອກເທດ

лев

ສິງໂຕ

мавпа

ລີງ

фламінго

ນົກຟາມິງໂກ

папуга

ນົກແກ້ວ

білий ведмідь

ໝີຂົ້ວໂລກ

пінгвін

ນົກເພັນກວິນ

акула

ປາສະຫຼາມ

павич

ນົກຍູງ

змія

ງູ

крокодил

ແຂ້

працівник зоопарку

ຜູ້ເບິ່ງແຍງສວນສັດ

тюлень

ແມວນ້ຳ

ягуар

ເສືອຈາກົວ

поні

ມ້າພັນນ້ອຍ

леопард

ເສືອດາວ

гіпопотам

ຮິບໂປ

жираф

ໂຕຈິຣາຟ

орел

ໜຽວ

кабан

ໝູປ່າຕົວຜູ້

риба

ປາ

черепаха

ເຕົ່າ

морж

ຊ້າງນ້ຳ

лисиця

ໝາຈອກ

газель

ກວາງນ້ອຍ

спорт
ກິລາ

американський футбол
ອາເມລິກັນຟຸດບອນ
їзда на велосипеді
ຂີ່ລົດຖີບ
теніс
ກິລາເທນນິສ
баскетбол
ບັສເກັດບອລ
плавання
ກິລາລອຍນ້ຳ
бокс
ຊົກມວຍ
хокей
ກິລາຕີຄີເດີ່ນນ້ຳແຂງ
футбол
ກິລາເຕະບານ
бадмінтон
ກິລາຕີດອກປີກໄກ່
легка атлетика
ກິລາປະເພດ ແລ່ນ ເຕັ້ນແລະແກວ່ງ
гандбол
ແຮນບອລ
лижні перегони
ກິລາສະກີ້
поло
ກິລາໂປໂລນ້ຳ

стрибати
ໂດດ

обіймати
ກອດ

сміятися
ຫົວ

йти
ຍ່າງ

співати
ຮ້ອງເພງ

мріяти
ຝັນ

молитися
ໄຫວ້ພະ / ສວດມົນ

цілувати
ຈູບ

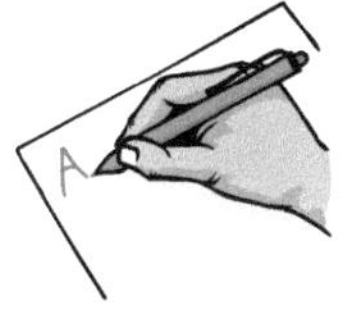

писати
ຂຽນ

малювати
ແຕ້ມ

показувати
ສະແດງ

тиснути
ຍູ້

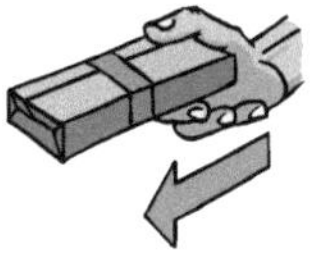

давати
ໃຫ້

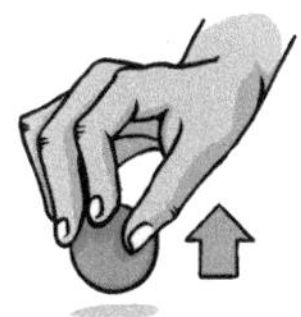

брати
ເອົາໄປ

мати

ມີ

робити

ເຮັດ

бути

ເປັນ

стояти

ຢືນ

бігати

ແລ່ນ

тягнути

ດຶງ

кидати

ໂຍນ

падати

ລົ້ມ

лежати

ນອນຢຽດ

очікувати

ລໍຖ້າ

носити

ຖື

сидіти

ນັ່ງ

одягати

ແຕ່ງຕົວ

спати

ນອນຫຼັບ

просипатися

ຕື່ນນອນ

дивитися

ເບິ່ງ

плакати

ຮ້ອງໄຫ້

гладити

ລູບ

розчісувати

ຫວີຜົມ

розмовляти

ລົມ

розуміти

ເຂົ້າໃຈ

питати

ຄຳຖາມ

слухати

ຟັງ

пити

ດື່ມ

їсти

ກິນ

прибирати

ຈັດໃຫ້ເປັນລະບຽບ

любити

ຮັກ

варити

ຄົວກິນ

їхати

ຂັບລົດ

літати

ບິນ

йти під вітрилом

ແລ່ນເຮືອ

рахувати

ຄິດໄລ່

читати

ອ່ານ

вчитися

ຮຽນຮູ້

працювати

ເຮັດວຽກ

одружуватися

ແຕ່ງງານ

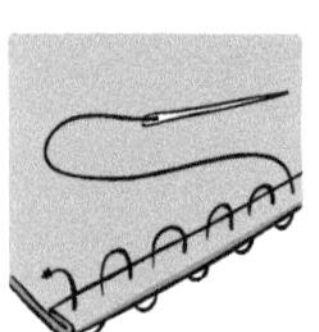

шити

ຫຍິບ

чистити зуби

ແປງຟັນ

убивати

ຂ້າ

курити

ສູບຢາ

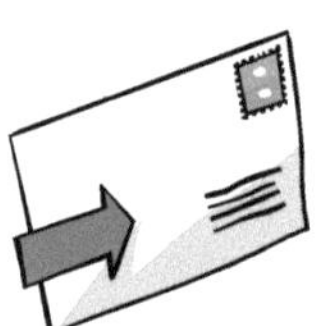

посилати

ສົ່ງ

сім'я
ຄອບຄົວ

бабуся
ແມ່ເຖົ້າ

дідуся
ພໍ່ເຖົ້າ

батько
ພໍ່

мати
ແມ່

немовля
ເດັກເກີດໃໝ່

донька
ລູກສາວ

син
ລູກຊາຍ

гість

ແຂກ

тітка

ປ້າ

дядько

ລຸງ

брат

ອ້າຍນ້ອງ

сестра

ເອື້ອຍນ້ອງ

тіло

ຮ່າງກາຍ

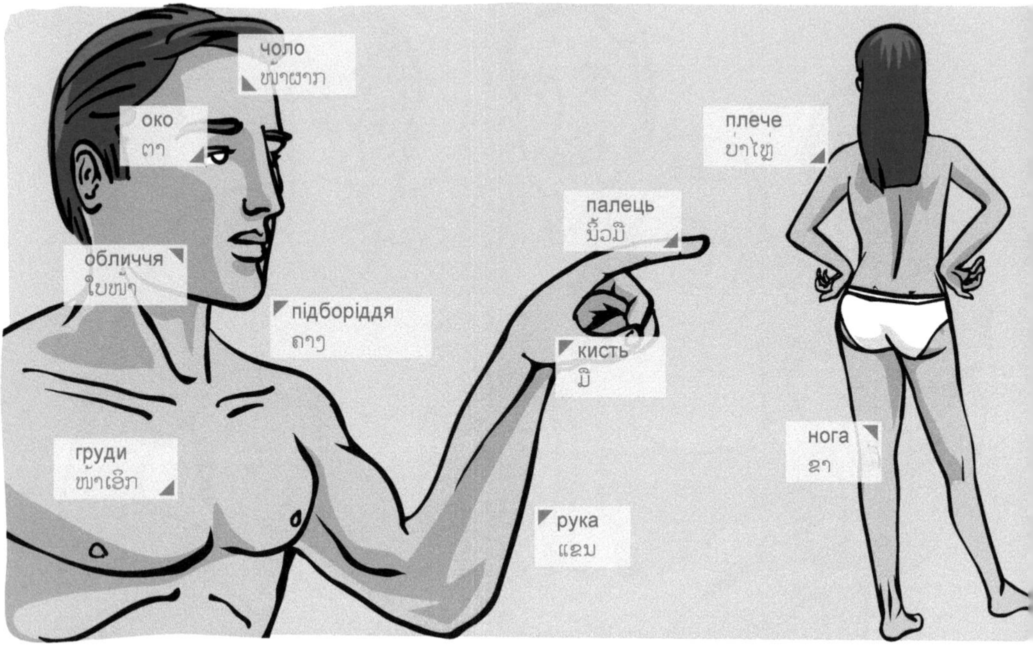

чоло
ໜ້າຜາກ

око
ຕາ

плече
ບ່າໄຫຼ່

палець
ນີ້ວມື

обличчя
ໃບໜ້າ

підборіддя
ຄາງ

кисть
ມື

груди
ໜ້າເອິກ

нога
ຂາ

рука
ແຂນ

немовля
ເດັກເກີດໃໝ່

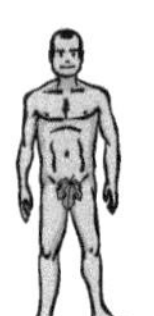

чоловік
ຜູ້ຊາຍ

жінка
ຜູ້ຍິງ

дівчина
ເດັກຍິງ

хлопчик
ເດັກຊາຍ

голова
ຫົວ

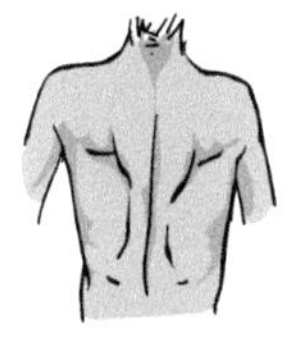

спина

ຫຼັງ

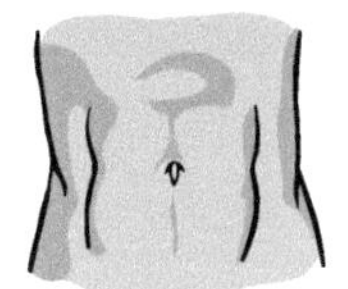

живіт

ທ້ອງ

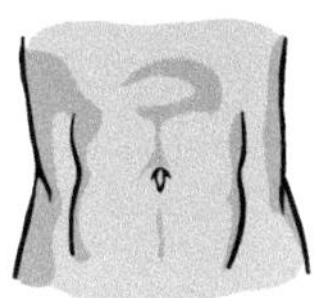

пуп

ສະບື

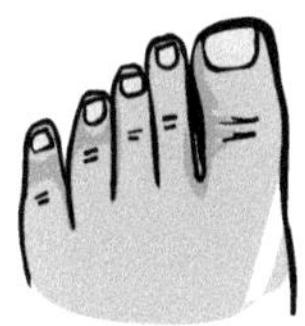

палець ноги

ນິ້ວຕີນ

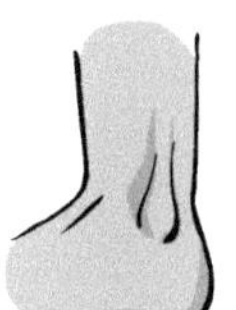

п'ята

ສົ້ນຕີນ

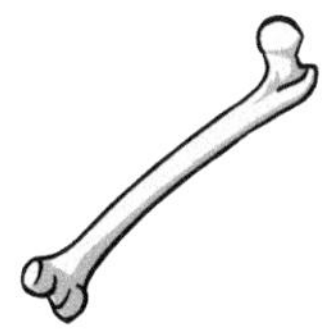

кістка

ກະດູກ

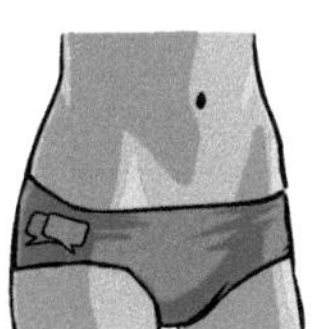

стегно

ກະໂພກ

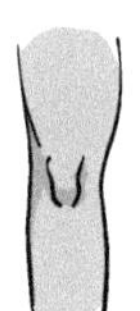

коліно

ຫົວເຂົ່າ

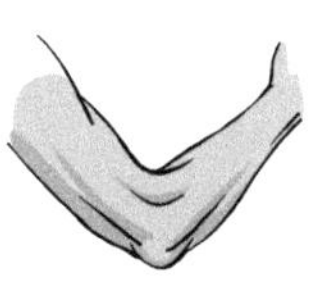

лікоть

ແຂນສອກ

ніс

ດັງ

сідниці

ກົ້ນ

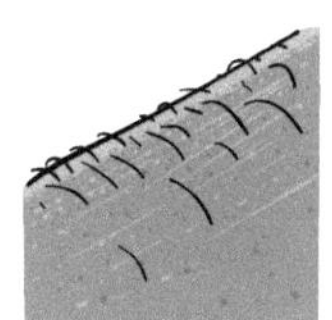

шкіра

ຜິວໜັງ

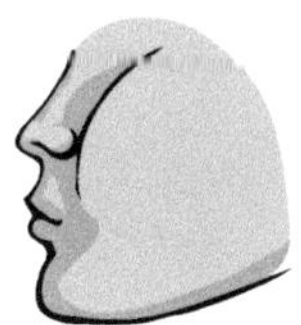

щока

ແກ້ມ

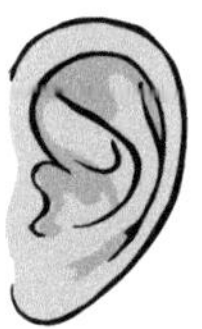

вухо

ຫູ

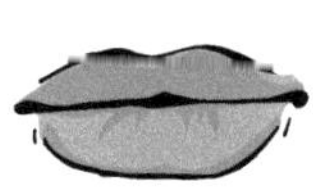

губа

ຮີມສົບ

рот

ປາກ

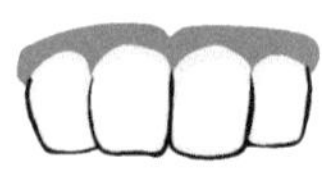

зуб

ແຂ້ວ

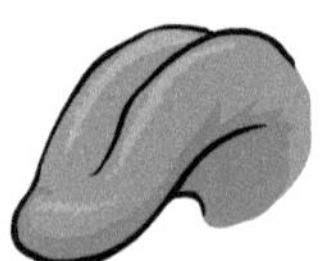

язик

ລີ້ນ

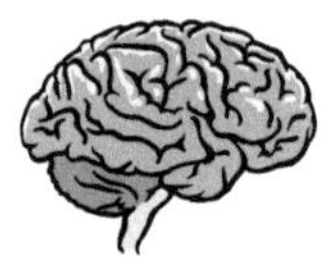

мозок

ສະໝອງ

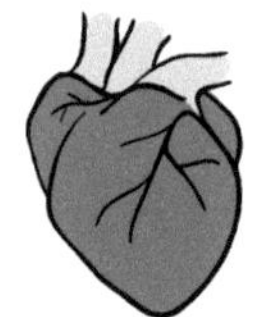

серце

ຫົວໃຈ

м'яз

ກ້າມເນື້ອ

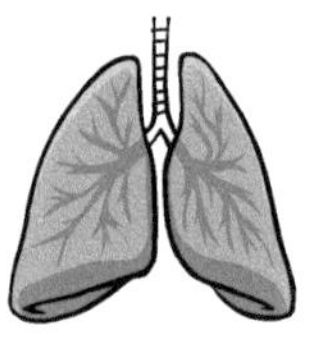

легені

ປອດ

печінка

ຕັບ

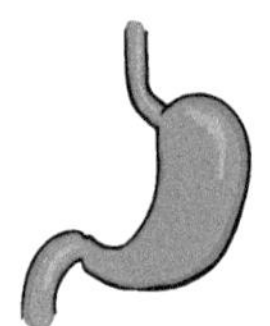

шлунок

ກະເພາະ

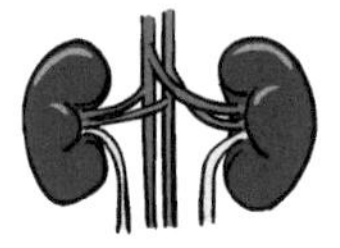

нирки

ໄຕ

статевий акт

ເພດສຳພັນ

презерватив

ຖົງຢາງອະນາໄມ

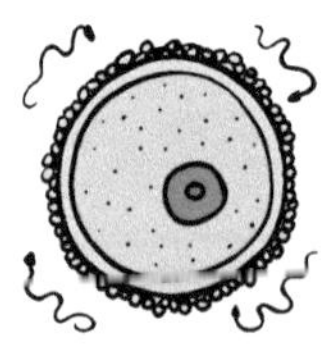

яйцеклітина

ເຊັລສືບພັນ

сперма

ນ້ຳອະສຸຈິ

вагітність

ການຖືພາ

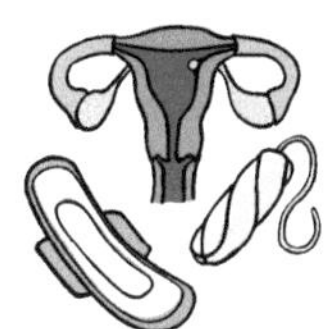

менструація

ປະຈຳເດືອນ

вагіна

ຊ່ອງຄອດ

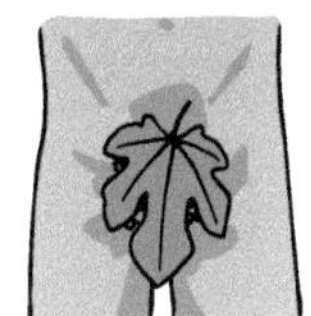

пеніс

ອະໄວຍະວະເພດຊາຍ

брова

ຄິ້ວ

волосся

ເສັ້ນຜົມ

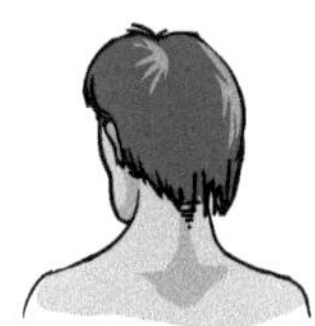

шия

ຄໍ

лікарня
ໂຮງໝໍ

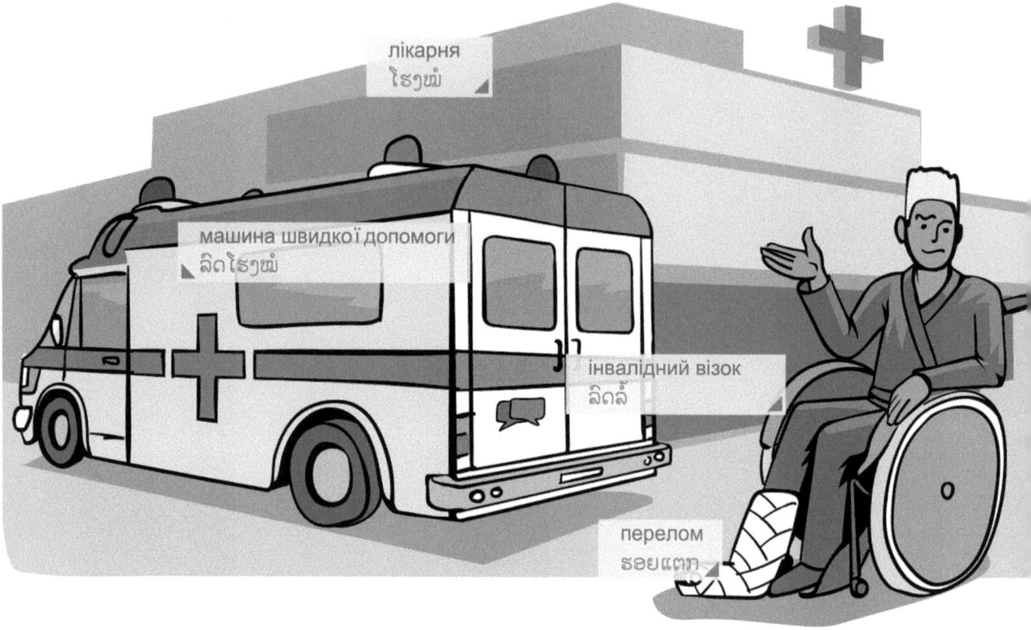

лікарня
ໂຮງໝໍ

машина швидкої допомоги
ລົດໂຮງໝໍ

інвалідний візок
ລົດລໍ້

перелом
ຮອຍແຕກ

лікар

ທ່ານໝໍ

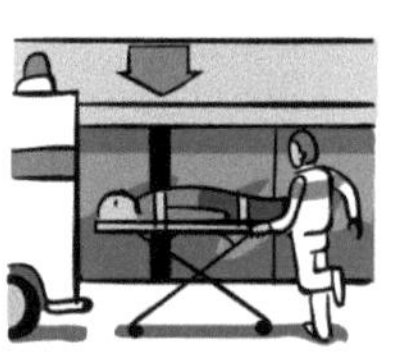

відділення швидкої медичної допомоги

ຫ້ອງສຸກເສີນ

медсестра

ພະຍາບານ

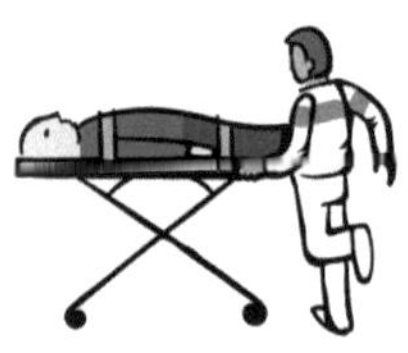

аварійний випадок

ສຸກເສີນ

непритомний

ໝົດສະຕິ

біль

ອາການເຈັບປວດ

травма

ການບາດເຈັບ

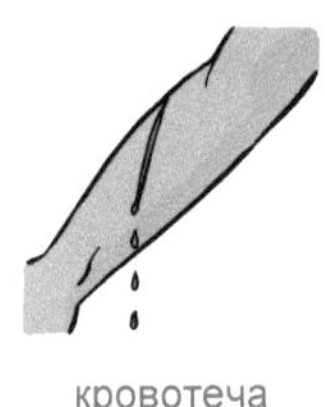

кровотеча

ເລືອດໄຫຼ

інфаркт

ຫົວໃຈວາຍ

інсульт

ໂຣກຫຼອດເລືອດໃນສະໝອງ

алергія

ອາການແພ້

кашель

ໄອ

лихоманка

ໄຂ້

грип

ໄຂ້ຫວັດ

пронос

ຖອກທ້ອງ

головна біль

ເຈັບຫົວ

рак

ໂຣກມະເລັງ

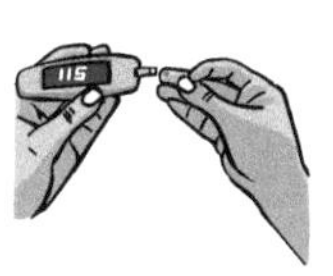

діабет

ພະຍາດເບົາຫວານ

хірург

ໝໍຜ່າຕັດ

скальпель

ມີດຜ່າຕັດ

операція

ການຜ່າຕັດ

КТ

ເຄື່ອງເອັກເຊີເຣຄອມພິວເຕີ

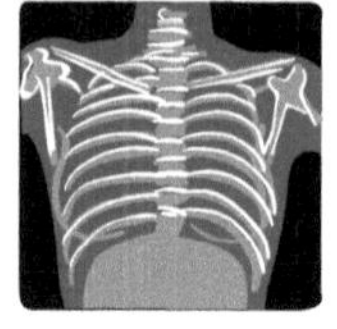

рентген

ເອັກຊ໌-ເຣ

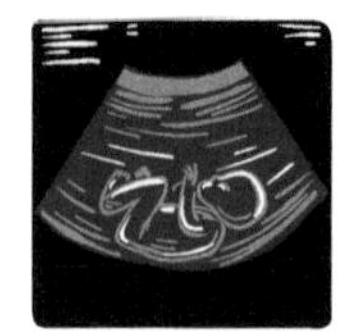

ультразвук

ອູລຕຣາຊາວ (ultrasound)

маска

ໜ້າກາກອະນາໄມ

хвороба

ພະຍາດ

зал очікування

ຫ້ອງລໍຖ້າ

милиця

ໄມ້ຄ້ຳຂີ້ແຮ້

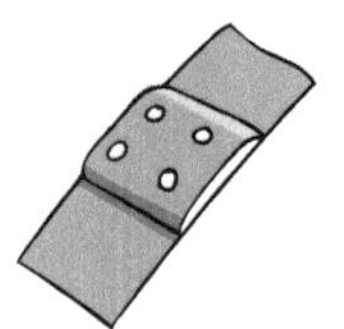

пластир

ຜ້າຢາງຕິດບາດ

пов’язка

ຜ້າພັນແຜ

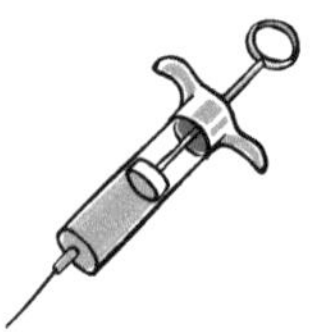

ін'єкція

ສັກຢາ

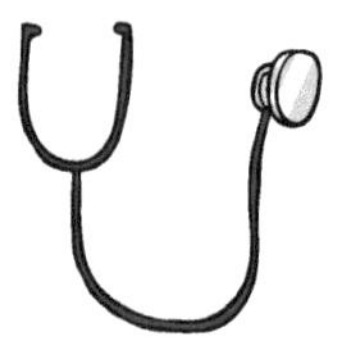

стетоскоп

ເຄື່ອງຟັງປອດຫຼືຫົວໃຈ

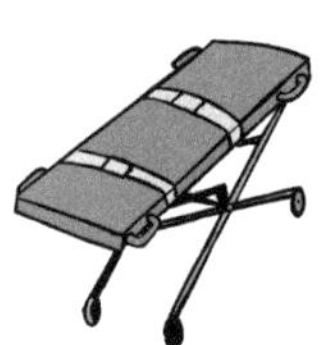

ноші

ເປຫາມຄົນເຈັບ

термометр

ບາຫຼອດວັດໄຂ້

народження

ການເກີດ

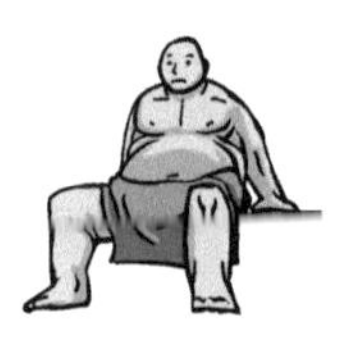

надмірна вага

ນ້ຳໜັກເກີນ

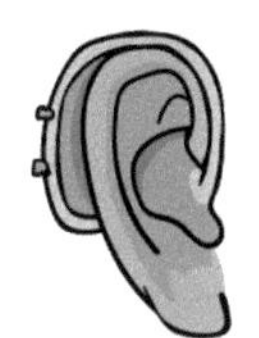

слуховий апарат

ເຄື່ອງຊ່ວຍຟັງ

дезінфікуючий засіб

ນ້ຳຢາຂ້າເຊື້ອ

інфекція

ການຕິດເຊື້ອ

вірус

ເຊື້ອໄວຣັສ

ВІЛ / СНІД

HIV / ເອດສ໌

медицина

ຢາ

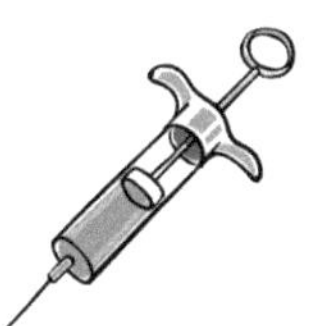

вакцинація

ການສັກວັກຊີນ

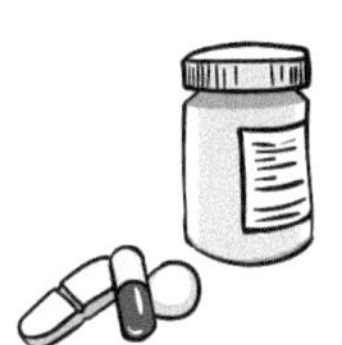

таблетки

ຢາເມັດ

протизаплідна пігулка

ຢາເມັດ

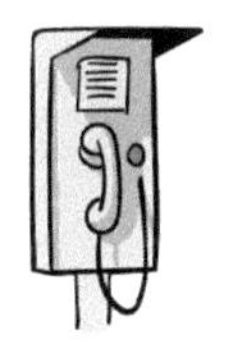

екстрений виклик

ໂທອອກສຸກເສີນ

тонометр

ເຄື່ອງວັດຄວາມດັນເລືອດ

хворий / здоровий

ໄຂ້ / ສຸຂະພາບດີ

аварійний випадок
ສຸກເສີນ

Допоможіть!

ຊ່ວຍດ້ວຍ!

сигнал тривоги

ສັນຍານເຕືອນໄພ

напад

ການທຳຮ້າຍຮ່າງກາຍ

атака

ການໂຈມຕີ

небезпека

ອັນຕະລາຍ

аварійний вихід

ທາງອອກສຸກເສີນ

Вогонь!

ໄຟໄໝ້!

вогнегасник

ບັ້ງດັບເພີງ

аварія

ອຸປະຕິເຫດ

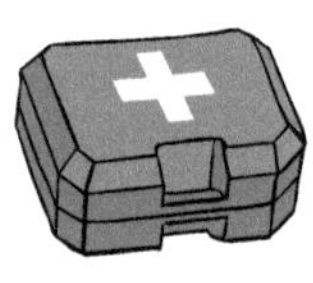

аптечка

ຊຸດປະຖົມພະຍາບານຂັ້ນຕົ້ນ

СОС

ສັນຍານຂໍຄວາມຊ່ວຍເຫຼືອ

поліція

ຕຳຫຼວດ

Земля
ໂລກ

Європа
ເອີຣົບ

Північна Америка
ອາເມລິກາເໜືອ

Південна Америка
ອາເມລິກາໃຕ້

Африка
ອາຟຣິກາ

Азія
ເອເຊຍ

Австралія
ອອສເຕຣເລຍ

Атлантика
ແອດແລນຕິກ

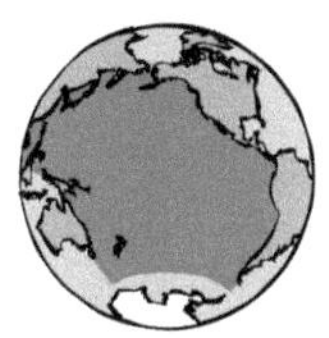
Тихий океан
ປາຊີຟິກ

Індійський океан
ມະຫາສະໝຸດອິນເດຍ

Антарктичний океан
ມະຫາສະໝຸດແອນຕາຣຕິກ

Північний Льодовитий океан
ມະຫາສະໝຸດອາກຕິກ

Північний полюс
ຂົ້ວໂລກເໜືອ

Південний полюс

ຂົ້ວໂລກໃຕ້

Антарктика

ແອນຕາຣຕິກາ

Земля

ໂລກ

суша

ດິນ

море

ທະເລ

острів

ເກາະ

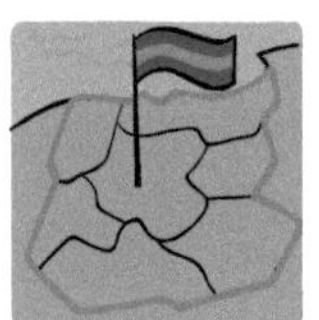

нація

ຊາດ / ປະເທດຊາດ

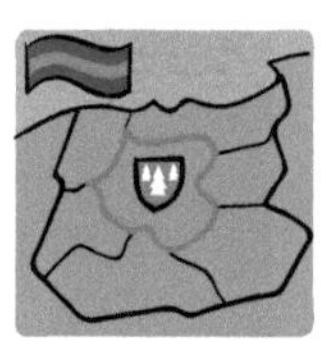

держава

ລັດ

циферблат

ໜ້າປັດໂມງ

годинникова стрілка

ເຂັມໂມງ

хвилинна стрілка

ເຂັມນາທີ

секундна стрілка

ເຂັມວິນາທີ

Котра година?

ຈັກໂມງແລ້ວ?

день

ວັນ

час

ເວລາ

зараз

ຕອນນີ້

цифровий годинник

ໂມງດິຈິຕອລ

хвилина

ນາທີ

година

ຊົ່ວໂມງ

тиждень

ອາທິດ

вчора

ມື້ວານນີ້

сьогодні

ມື້ນີ້

завтра

ມື້ອື່ນ

ранок

ຕອນເຊົ້າ

опівдні

ຕອນທ່ຽງ

вечір

ຕອນແລງ

робочі дні

ວັນເຮັດວຽກ

кінець робочого тижня

ທ້າຍສັບປະດາ

рік
ປີ

дощ
ຝົນຕົກ
веселка
ຮຸ້ງກິນນ້ຳ
сніг
ຫິມະ
вітер
ລົມ
весна
ລະດູໃບໄມ້ປົ່ງ
осінь
ລະດູໃບໄມ້ຫຼົ່ນ
літо
ລະດູຮ້ອນ
зима
ລະດູໜາວ

4.APRIL 11°
5.APRIL 4°
6.APRIL 13°
7.APRIL 8°
8.APRIL 10°

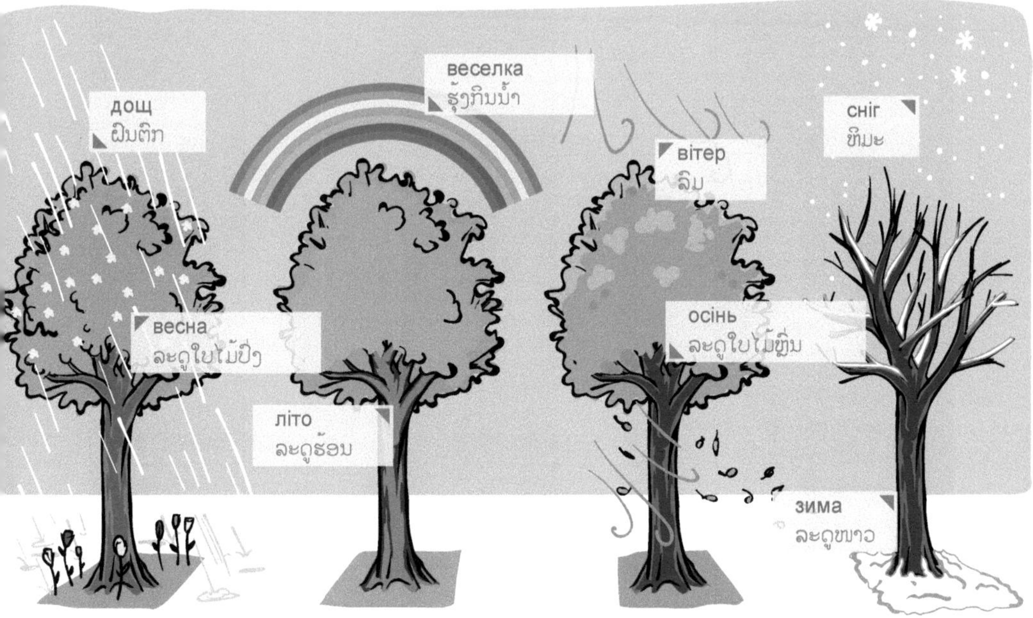

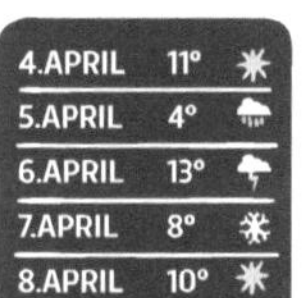

прогноз погоди

ການພະຍາກອນອາກາດ

F C
120 40
90 30
60 20
30 10
0 0
-30 -10
-20

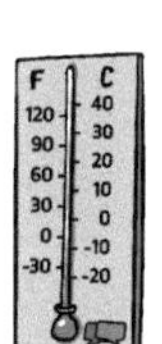

термометр

ເຄື່ອງວັດອຸນຫະພູມ

сонячне світло

ແສງແດດ

хмара

ຂີ້ເຝື້ອ

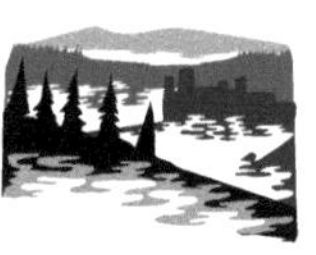

туман

ໝອກ

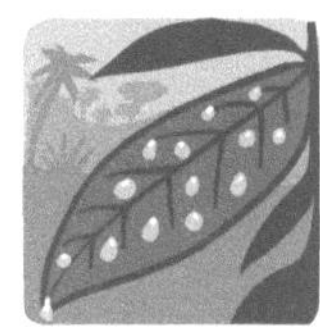

вологість повітря

ຄວາມຊຸ່ມ

блискавка

ສາຍຟ້າແມບ

грім

ຟ້າຮ້ອງ

шторм

ພະຍຸ

град

ໝາກເຫັບ

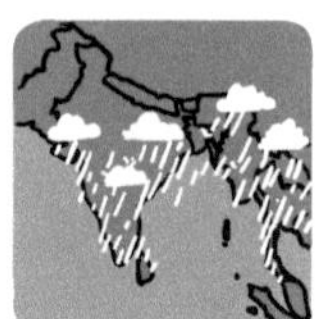

мусон

ລົມມໍລະສຸມ

повінь

ນ້ຳຖ້ວມ

лід

ນ້ຳກ້ອນ

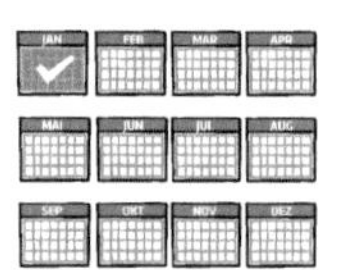

Січень

ມັງກອນ

Лютий

ກຸມພາ

Березень

ມີນາ

Квітень

ເມສາ

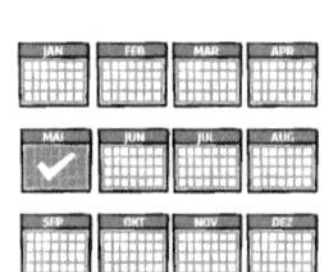

Травень

ພຶດສະພາ

Червень

ມິຖຸນາ

Липень

ກໍລະກົດ

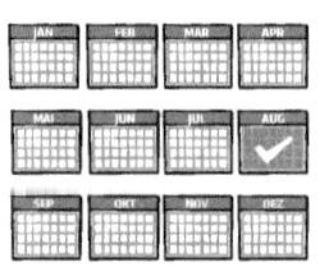

Серпень

ສິງຫາ

Вересень

ກັນຍາ

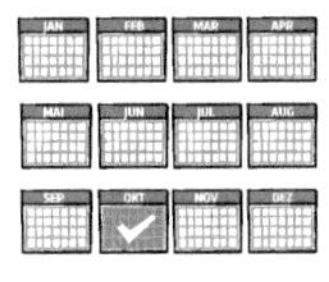

Жовтень

ຕຸລາ

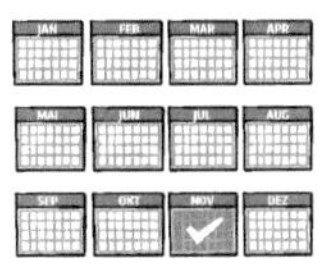

Листопад

ພະຈິກ

Грудень

ທັນວາ

форми

ຮູບຮ່າງ

круг

ວົງມົນ

квадрат

ສີ່ຫຼ່ຽມ

прямокутник

ຮູບສີ່ຫຼ່ຽມມຸມສາກ

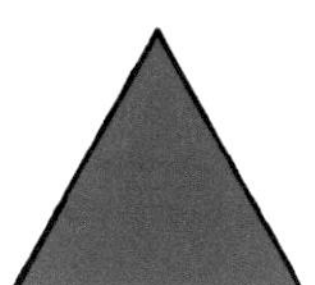

трикутник

ສາມຫຼ່ຽມ

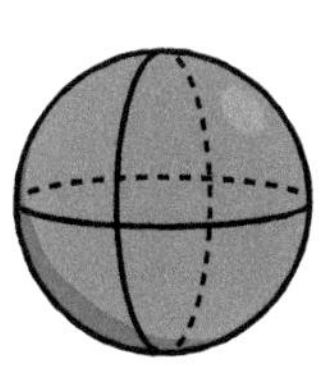

куля

ໜ່ວຍກົມ

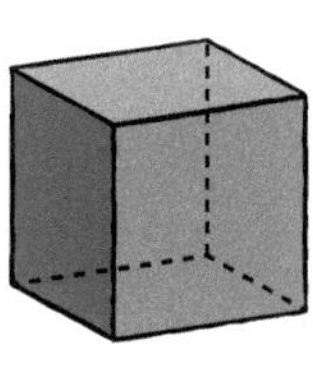

куб

ຮູບສີ່ຫຼ່ຽມມົນທົນ

фарби

ສີ

білий

ສີຂາວ

жовтий

ສີເຫຼືອງ

помаранчевий

ສີສົ້ມ

рожевий

ສີບົວ

червоний

ສີແດງ

фіолетовий

ສີມ່ວງ

синій

ສີຟ້າ

зелений

ສີຂຽວ

коричневий

ສີນ້ຳຕານ

сірий

ສີເທົາ

чорний

ສີດຳ

протилежності
ກົງກັນຂ້າມ

багато / мало

ຫຼາຍ / ນ້ອຍ

лютий / мирний

ໃຈຮ້າຍ / ໃຈເຢັນ

гарний / бридкий

ງາມ / ຂີ້ຮ້າຍ

початок / кінець

ການເລີ່ມຕົ້ນ / ການສິ້ນສຸດ

великий / малий

ໃຫຍ່ / ນ້ອຍ

світлий / темний

ແຈ້ງ / ມືດ

брат / сестра

ນ້ອງຊາຍຫຼືອ້າຍ / ນ້ອງສາວຫຼືເອື້ອຍ

чистий / брудний

ສະອາດ / ເປື້ອນ

завершений / незавершений

ສຳເລັດ / ບສຳເລັດ

день / ніч

ກາງວັນ / ກາງຄືນ

мертвий / живий

ຕາຍ / ມີຊີວິດ

широкий / вузький

ກວ້າງ / ແຄບ

їстівний / неїстівний

ກິນໄດ້ / ກິນບໍ່ໄດ້

злий / дружній

ຊົ່ວຮ້າຍ / ໃຈດີ

збуджений / нудьгуючий

ໜ້າຕື່ນເຕັ້ນ / ໜ້າເບື່ອ

товстий / тонкий

ອ້ວນ / ຈ່ອຍ

спочатку / востаннє

ທຳອິດ / ສຸດທ້າຍ

друг / ворог

ເພື່ອນ / ສັດຕູ

повний / порожній

ເຕັມ / ວ່າງເປົ່າ

жорсткий / м'який

ແຂງ / ນຸ້ມ

важкий / легкий

ໜັກ / ເບົາ

голод / спрага

ຄວາມຫິວ / ຄວາມຫິວນ້ຳ

хворий / здоровий

ໄຂ້ / ສຸຂະພາບດີ

незаконний / законний

ຜິດກົດໝາຍ / ຖືກກົດໝາຍ

розумний / дурний

ສະຫຼາດ / ໂງ່

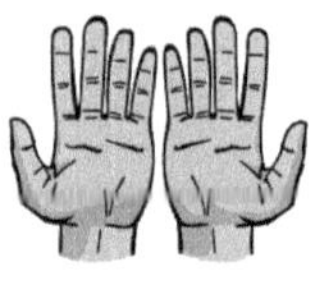

вліво / вправо

ຊ້າຍ / ຂວາ

поруч / далеко

ໃກ້ / ໄກ

новий / використаний

ໃໝ່ / ໃຊ້ແລ້ວ

нічого / щось

ບໍ່ມີຫຍັງ / ບາງສິ່ງບາງຢ່າງ

старий / молодий

ແກ່ / ໜຸ່ມ

вкл / викл

ເປີດ / ປິດ

відкрито / закрито

ເປີດ / ປິດ

тихо / гучно

ງຽບ / ດັງ

багатий / бідний

ຮັ່ງມີ / ຍາກຈົນ

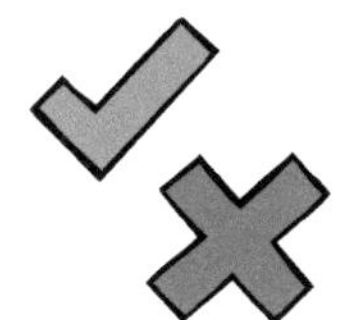

правильно / неправильно

ຖືກ / ຜິດ

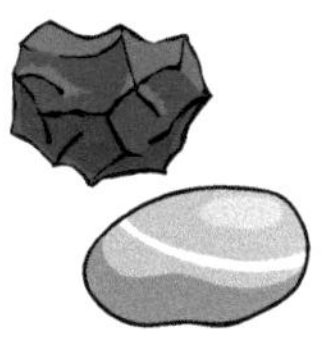

шорсткий / гладкий

ບໍ່ລຽບ / ລຽບ

сумний / щасливий

ໂສກເສົ້າ / ດີໃຈ

короткий / довгий

ສັ້ນ / ຍາວ

повільно / швидко

ຊ້າ / ໄວ

вологий / сухий

ປຽກ / ແຫ້ງ

гарячий / холодний

ອົບອຸ່ນ / ໜາວເຢັນ

війна / мир

ສົງຄາມ / ສັນຕິພາບ

числа
ຕົວເລກ / ຈຳນວນ

0

нуль

ສູນ

1

один

ໜຶ່ງ

2

два

ສອງ

3

три

ສາມ

4

чотири

ສີ່

5

п'ять

ຫ້າ

6

шість

ຫົກ

7

сім

ເຈັດ

8

вісім

ແປດ

9

дев'ять

ເກົ້າ

10

десять

ສິບ

11

одинадцять

ສິບເອັດ

12

дванадцять

ສິບສອງ

13

тринадцять

ສິບສາມ

14

чотирнадцять

ສິບສີ່

15

п'ятнадцять

ສິບຫາ

16

шістнадцять

ສິບຫົກ

17

сімнадцять

ສິບເຈັດ

18

вісімнадцять

ສິບແປດ

19

дев'ятнадцять

ສິບເກົ້າ

20

двадцять

ຊາວ

100

сто

ໜຶ່ງຮ້ອຍ

1.000

тисяча

ໜຶ່ງພັນ

1.000.000

мільйон

ໜຶ່ງລ້ານ

МОВИ

ພາສາ

англійська

ພາສາອັງກິດ

американська англійська

ພາສາອັງກິດແບບອາເມລິກັນ

китайська високочиновницька

ພາສາຈີນແມນດາຣິນ

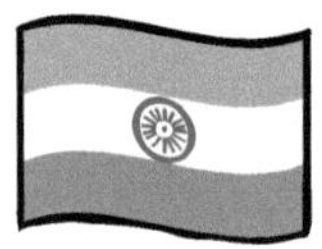

хінді

ພາສາຮິນດີ

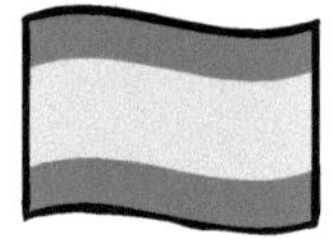

іспанська

ພາສາສະເປນ

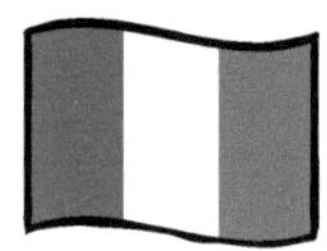

французька

ພາສາຝຣັ່ງເສດ

арабська

ພາສາອາຣັບ

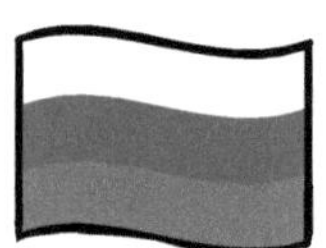

російська

ພາສາຣັດເຊຍ

португальська

ພາສາປ໊ອກຕຸຍການ

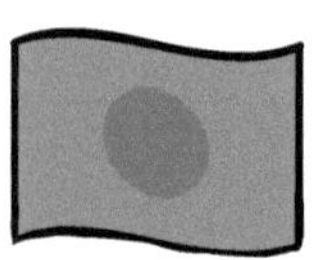

бенгальська

ພາສາແບງກອລ

німецька

ພາສາເຢຍລະມັນ

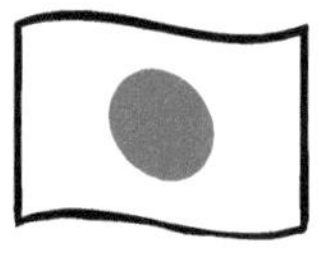

японська

ພາສາຍີ່ປຸ່ນ

я

ຂ້ອຍ

ти

ເຈົ້າ

він / вона / воно

ລາວ (ຜູ້ຊາຍ) / ລາວ (ຜູ້ຍິງ) / ມັນ

ми

ພວກເຮົາ

ви

ພວກເຈົ້າ

вони

ພວກເຂົາ

хто?

ໃຜ?

що?

ແມ່ນຫຍັງ?

як?

ແນວໃດ?

де?

ຢູ່ໃສ?

коли?

ເມື່ອໃດ?

ім'я

ຊື່

де
ຢູ່ໃສ

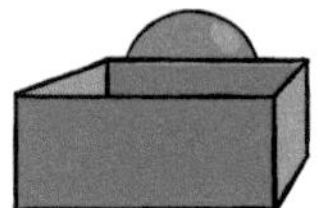

ззаду
ຢູ່ທາງຫຼັງ

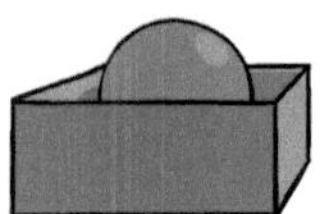

в
ໃນ

перед
ຢູ່ທາງໜ້າ

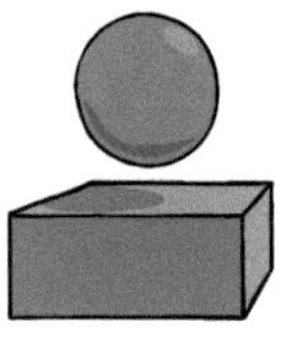

над
ເໜືອກວ່າ

на
ຢູ່ເທິງ

під
ຢູ່ກ້ອງ

біля
ທາງຂ້າງ

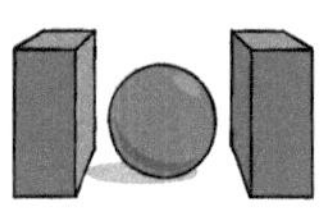

між
ຢູ່ລະຫວ່າງ

місце
ສະຖານທີ່